**Hang Nguyen**

# ASYL

## Flucht ins Paradies

**Hang Nguyen**

# ASYL

## Flucht ins Paradies

**Diplomatic Council Publishing**

**1. Auflage 2022**

Alle Werke von Diplomatic Council (DC) Publishing werden sehr sorgfältig erarbeitet und gewissenhaft redigiert. Dennoch übernehmen Autoren, Herausgeber und Verlag keinerlei Haftung für die Richtigkeit von Angaben, Hinweisen und Ratschlägen oder für eventuelle Druckfehler.



Sämtliche Inhalte in diesem Buch geben die Meinung der Autoren wieder. Diese müssen nicht zwangsläufig den Meinungen und/oder Ansichten des Diplomatic Council und/oder seiner Mitglieder entsprechen.

**Die bibliografischen Information der Deutschen Nationalbibliothek:**

Die Deutsche Nationalbibliothek verzeichnet diese Publikation in der Deutschen Nationalbibliografie; detaillierte bibliografische Daten sind im Internet über http://dnb.d-nb.de abrufbar.

Printed in the Federal Republic of Germany.

Gestaltung, Cover und Satz: IMS International Media Services, Wiesbaden

**Print ISBN: 978-3-98674-012-2**

E-Book ISBN: 978-3-98674-013-9

# Widmung

Dieses Buch ist Aylan Kurdi gewidmet. Es ist der Name des Dreijährigen, der eine zweifelhafte Berühmtheit erlangte, als sein lebloser Körper im September 2015 an der Mittelmeerküste angeschwemmt wurde. Er war auf der Flucht aus Syrien mit seinen Eltern in den Fluten des Mittelmeers ertrunken. Fotos von der Bergung des kleinen Leichnams am Strand gingen um die Welt. Sie wurden zum Symbol für die Erkenntnis, dass es bei Migration nicht nur um abstrakte politische und gesellschaftliche Entwicklungen und nicht nur um Statistiken geht, sondern in erster Linie um menschliche Schicksale. Wir wissen nicht, was aus Aylan Kurdi geworden wäre, hätte er das rettende Europa erreicht. Aber wir wissen, dass es eine Tragödie darstellt, wenn ein dreijähriges Kind sterben muss.

# Inhalt

**Vorwort** ... **11**
Humanitäre Katastrophe ... 11
Angst vor Überfremdung ... 12
Hass erschüttert unsere Gesellschaft ... 13
Ohne Parteibuch im Kopf ... 14
**Migration als Problem und Lösung** ... **15**
Freiwillige Hilfe oder Anspruch auf Hilfe? ... 15
Deutschland ist ein säkularer Staat ... 19
Schlüsselrolle der Medien ... 19
Humanistische Grundeinstellung ... 20
**Angst vor Überfremdung** ... **23**
Die Gastarbeiter kommen und bleiben ... 24
Araber und Moslems im Fokus ... 26
Patrioten gegen die Islamisierung des Abendlandes ... 27
Spaltung der Gesellschaft ... 28
**Die erste Flüchtlingskrise** ... **31**
Russische Föderation auf dem Weg ... 32
Ausländerhetze in der Presse ... 33
Asyländerung des Grundgesetzes ... 35
**2015: Wir schaffen das** ... **37**
Einsame Entscheidung der Kanzlerin ... 37
Kontrollverlust des Staates ... 38
Der lange Marsch ... 42
Nächtlicher Telefonmarathon ... 44

Vorwurf des Rechtsbruchs ... 46
Schnelle statt wohlüberlegter Entscheidungen ... 48
Ausnahme der offenen Grenzen ... 51
Ziel: Obergrenze ... 52
Fair oder naiv ... 55
**Die zweite Flüchtlingskrise ... 59**
2015 – Das Jahr, in dem sich Deutschland spaltet ... 59
Zweite Flüchtlingskrise in Europa ... 61
Balkanroute der Schmuggler ... 62
Exkurs – Frontex: Schutz der Außengrenzen ... 64
Keine Rechtsstaatlichkeit ... 65
Non-Papers zur Grenzschließung ... 68
Viele Wege führen nach Westen ... 69
Flüchtlingsdeal mit der Türkei ... 70
Hoher Profit mit null Risiko ... 74
Neue Balkanroute ... 75
Gefährliche Überfahrt ... 76
Trend zur Sekundärmigration ... 77
Der Bamf-Skandal ... 78
Skandal – Skandälchen – gar nichts ... 80
Syrischer Oberleutnant ... 82
Illegale Migration deutlich unterschätzt ... 83
Bamf: Asylanten ohne Asylgrund ... 84
**Asylrecht im Wandel ... 87**
Genfer Flüchtlingskonvention ... 88
Grundrecht auf Asyl ... 90
Der polnische Papst ... 92
Asylkompromiss mit Protesten ... 94
Arabischer Frühling ... 98

Sicherheit hat oberste Priorität ... 99

Gesetze gegen Asylsuchende ... 101

Asyl vom Antrag bis zur Entscheidung ... 105

Recht auf Rechtsanwalt ... 108

Ordnungswidrigkeit „Falschangabe“ ... 111

Abschiebung geht schief ... 115

Bürgen für Flüchtlinge ... 119

Familiennachzug ... 119

Asylbilanz 2018: Reguläre Einreise wird zur Regel ... 123

20 statt 40.000 Migranten zurückgeschickt ... 124

**Die ditte Flüchtlingskrise der 2020er ... 125**

Ein Virus rast um die Welt ... 125

Schuld sind die Chinesen und die Migranten ... 127

Keine Pause für die Migration ... 128

2,7 Milliarden Menschen sind schutzlos ... 129

Weltwirtschaft am Ende ... 131

Gesundheits- und Wirtschaftssysteme zerbrechen ... 132

Neue Flüchtlingskrise der 2020er Jahre ... 133

Massenmigration aus dem Magreb ... 134

Krieg um die Ukraine mit Vorwarnung ... 136

Kein Tag ohne Besorgnis ... 136

Annäherung an die EU scheitert ... 137

Die UNO schaltet die OSZE ein – vergebens ... 139

Krim gehört zu Russland seit Katharina der Großen ... 141

Russland greift an ... 143

Am 24. Februar 2022 bricht Krieg in Europa aus ... 146

Millionen Flüchtlinge aus der Ukraine ... 156

**Mängel im Asylsystem** .......... **159**
Abwehr mit humanitärem Mäntelchen .......... 159
Alan Kurdi und Carola Rackete .......... 163
Schlepper setzen auf Mutterschiff .......... 165
„Behältnis-Schleusungen“ in Mitteldeutschland .......... 166
Die Welt in Bewegung .......... 167
Demokratischer Patriotismus .......... 169
Migration in die USA .......... 173
Soldaten gegen Einwanderer .......... 175
**Die Rolle der UNO** .......... **181**
UNO-Migrationspakt .......... 182
Realitätsferne der UNO .......... 195
Österreich wendet der UNO den Rücken zu .......... 197
Globale Umsiedlung .......... 199
Für die Ewigkeit .......... 200
**Bücher im DC Verlag** .......... **201**
**Über das Diplomatic Council** .......... **207**
**Über die Autorin** .......... **209**
**Quellenangaben und Anmerkungen** .......... **211**

# Vorwort

„Wir schaffen das“ sagte die damalige Bundeskanzlerin Angela Merkel auf der Bundespressekonferenz am 31. August 2015. Das war lange vor der Coronazeit und sie meinte damit nicht die Überwindung der Pandemie, sondern die Integration der im wahrsten Sinne des Wortes zeitweise unzähligen Migranten, die zu dieser Zeit und in den Folgejahren nach Europa und insbesondere nach Deutschland strömten.

Seitdem hat die Coronakrise der Jahre 2020/21 beinahe alles überdeckt. Die Furcht vor dem Virus und die Auseinandersetzung um den Umgang mit der Pandemie waren größer als die Angst vor Überfremdung. Indes haben andere Konflikte in den Pandemiejahren nicht aufgehört, sie sind nur zeitweise weniger sichtbar geworden. Dazu gehört der Abzug des Westens aus Afghanistan und die dortige Machtübernahme des Taliban-Regimes 2021, die viele Menschen in diesem Land in die Flucht getrieben hat. Der russische Einmarsch in Osteuropa, gestartet am 24. Februar 2022 mit dem Angriff Russlands auf die Ukraine, hat weitere Instabilität und Tod in eine Region gebracht, die ohnehin schon von Krieg, Flucht und Vertreibung erschüttert ist.

## Humanitäre Katastrophe

Das Thema des vorliegenden Buches hat zahlreiche Facetten. Dazu gehört die humanitäre Katastrophe, wenn Menschen ihr Leben riskieren in der Hoffnung auf ein besseres Leben. Tausende von Kilometern zu laufen oder über Hunderte von Kilometern das Mittelmeer in einem kleinen Boot zu überwinden, um dann festzustellen, dass man nicht erwünscht ist, in Zeltlagern abgeschoben wird oder gar verhasst ist – das ist kein leichtes Schicksal. Wer sich eingesteht, dass es eine Laune des Zufalls ist, in welchem Land oder unter welchen Umständen wir geboren werden, dem wird schnell klar, dass sich Menschen, die aus ihrer Heimat in eine vermeintlich bessere Zukunft fliehen und in Europa um Asyl ersuchen, urmenschlich verhalten: Wir alle streben ein besseres Leben für uns und unsere Kinder an.

## Angst vor Überfremdung

Zu den Facetten der Migration gehört jedoch auch die gesellschaftliche und die politische Situation in den sogenannten Aufnahmeländern. Die Menschen dort haben nämlich nicht auf Neuankömmlinge aus dem Ausland gewartet, schon gar nicht in der großen Zahl, mit der sie nach Europa und nach Deutschland strömen. Viele sehen unsere Gesellschaft dadurch nicht nur überlastet, sondern haben vor allem auch Angst vor der Überfremdung.

Daraus erwächst eine weitere Facette, nämlich die politische Dimension. Die Nationalstaatlichkeit, die viele Intellektuelle und viele Politiker in den Jahrzehnten zuvor schon als weitgehend überwunden ad acta gelegt hatten, hat seit 2015 wieder massiv an Bedeutung gewonnen. Dies hat unmittelbare und langfristige Auswirkungen auf das politische Klima in Deutschland, in den anderen europäischen Staaten und letztendlich wohl auf die ganze Welt. Es ist ein Irrglaube, dass die Coronakrise den Menschen in den Aufnahmeländern die Angst vor

Überfremdung genommen hätte, sie hat sie nur etwas in den Hintergrund gedrängt – jederzeit bereit, wieder nach vorne zu schießen.

## Hass erschüttert unsere Gesellschaft

Eine weitere und besonders abscheuliche Facette ist der Hass, der aus der Migration erwächst. Um den vermeintlichen Untergang des Abendlandes zu schützen, formieren sich rechte Gruppen, um „das Fremdländische" im wortwörtlichen Sinne niederzukämpfen. Ebenso unbestreitbar und häufig unfassbar sind die Angriffe, mit denen die Neuankömmlinge immer und immer wieder für negative Schlagzeilen sorgen und – so lässt sich argumentieren – die Gegenwehr geradezu provozieren. Auf beiden Seiten kommt es weit über einzelne Verbrechen hinaus zu Terrorakten, die unsere Gesellschaft zutiefst erschüttern.

Im vorliegenden Werk wird allen diesen unterschiedlichen Aspekten der Migration und der daraus resultierenden Folgen Rechnung getragen. Daher spannt das Buch einen weiten Bogen von den frühen Anfängen des Asylgedankens über das humanitäre „Wir schaffen das", die Gesetzeslage, die Bürokratie des Asylverfahrens und den Missbrauch des Asylrechts bis hin zur Frage nach der europäischen Integration oder teilweise wohl eher Desintegration in den 2020er Jahren. Dabei wird auch die Rolle der Vereinten Nationen bei den globalen Migrationsfragen kritisch beleuchtet.

In vielen Fällen werden die Situationen und Schicksale konkret und detailreich vorgetragen, um der Leserschaft zu erlauben, sich soweit wie möglich ein eigenes Bild zu verschaffen.

# Ohne Parteibuch im Kopf

Nimmt man das Thema des Buches ernst, kommt man nicht umhin, die Politik zu analysieren und politisch zu argumentieren. Allerdings ist das vorliegende Werk mit keinem bestimmten „Parteibuch im Kopf" geschrieben worden.

In den Coronajahren 2020/21 stand die Pandemie im Vordergrund beinahe jedweder gesellschaftlicher, politischer, sozialer und wirtschaftlicher Diskussion. Das heißt jedoch nicht, dass die Migration an Bedeutung verloren hat – ganz im Gegenteil. Die durch die Pandemie hervorgerufenen wirtschaftlichen Verwüstungen und die damit einhergehende Verelendung in weiten Teilen der Welt werden eine Migrationswelle auslösen, die alles bisher Dagewesene in den Schatten stellt. Hinzu kommen die absehbaren Folgen der Erderwärmung, die zu einem Ansteigen der Meeresspiegel führen werden und weitere Migrationsbewegungen nach sich ziehen werden. Und schließlich sind die geopolitischen Verwerfungen vor allem zwischen den drei Großmächten China, Russland und den USA unübersehbar.

Wir, die gemessen am Elend in der Welt im Paradies leben, werden daher künftig wohl nicht umhinkommen, uns mit einer grundlegende Frage zu befassen: Wollen wir unser Paradies öffnen für Menschen, die dem Elend entfliehen wollen, und wenn ja, in welchem Umfang, oder schotten wir unser Paradies ab, damit es keinen Schaden nimmt, und blicken wir nach dem Motto „wir können nicht alle retten" auf eine untergehende Welt um uns herum?

Hang Nguyen

# Migration als Problem und Lösung

Menschenwürde, Freiheit, Gleichheit, Kinderschutz, Privatsphäre, Wehrpflicht, Staatsangehörigkeit, Asylrecht – das sind die Themen der ersten 19 Artikel des Grundgesetzes der Bundesrepublik Deutschland.[1] Das Recht auf Asyl ist also tief verwurzelt in den Genen Deutschlands. Es entstammt dem zutiefst humanitären Gedanken, Menschen zu helfen, die in unsäglicher Not vor Krieg und Elend fliehen, um ihr Leben zu retten. Es entspring dem urmenschlichen Wunsch, andere Menschen vor dem Tod zu retten – ohne Gegenleistung, einfach, weil es Menschen sind.

## Freiwillige Hilfe oder Anspruch auf Hilfe?

Gerne teilen wir wie sicherlich die meisten Menschen unser Stück Brot mit einem hungrigen Kind. Doch wenn sich die Kinder zu gierigen Jugendlichen entwickeln, die lautstark auf den ganzen Kühlschrank Anspruch erheben, dann lässt das Gefühl, helfen zu wollen, nach. Es ist dieser Wandel von der freiwilligen Hilfeleistung zum Anspruchsgehabe, der dafür sorgt, dass Menschen auf der Flucht in wohlhabenderen Ländern weniger gerne gesehen werden, in Teilen der Wohlstandsbevölkerung sogar verhasst sind.

Natürlich kommen weitere Aspekte hinzu: Wenn sich mehr Menschen aus einem bestimmten Kulturkreis in einem für sie fremden Land zusammenfinden, dann pflegen sie ihre Herkunftskultur. Die Vielzahl der Oktoberfeste rund um den Globus stellen ein Symbol dafür dar, wie weit sich die deutsche Kultur verbreitet ein. Gleiches gilt umgekehrt für andere Kulturen in Deutschland. Rund 2.800 Moscheen in Deutschland zeugen davon, dass der muslimische Glaube hierzulande eine Heimat gefunden hat; zum Vergleich: Es gibt ungefähr 45.000 christliche Kirchen und etwa um die 130 jüdischen Synagogen in Deutschland.[2]

Einwanderung ist weder ein neues Phänomen noch per se gut oder schlecht. Die Vereinigten Staaten von Amerika, die zweifelsfrei mächtigste Nation auf Erden, wurden vor rund 250 Jahren ausschließlich durch Einwanderung begründet. Der Aufstieg zur Supermacht dürfte unmittelbar damit zusammenhängen. Bedenken wir: Es gab damals kein Einwanderungsgesetz, das nur die Klügsten oder Reichsten ins Land gelassen hätte, sondern diejenigen, die nach Amerika auswanderten, waren die besonders verzweifelten und mutigen – in mancherlei Hinsicht vergleichbar mit den heutigen Migranten, die nach Europa strömen. Allerdings war Amerika zur damaligen Zeit im Gegensatz zum heutigen Europa weitgehend unbesiedelt und den ursprünglichen Einwohnern, die Indianer genannt wurden, hat der Ansturm der Einwanderer zweifelsohne nicht gutgetan. Genau diese beiden Aspekte stellen heutzutage grundlegende Argumente derjenigen dar, die Angst vor einer Überfremdung äußern. Es mag schon sein, dass Einwanderer das Land voranbringen – übrigens eine Kernthese der Vereinten Nationen – aber möglicherweise nicht in eine Richtung voran, die den „Ureinwohnern" – denjenigen, die sich bereits im Wohlstand Europas sonnen – genehm ist. So entsteht das Bild eines Ansturms von Asylanten und Migranten, derer man sich erwehren sollte, bevor sie uns ihre Kultur überstülpen und dadurch unsere Kultur vernichten. Dieser vermeintliche „Krieg der Kulturen“ – in dem Buch „Clash of Civilizations“ von Samuel P. Huntington bereits 1996 vorhergesagt[3] – hat dazu geführt, dass sich Teile der Bevölkerung in Europa tatsächlich in einer Art „Kriegszustand“ wähnen – und im Krieg sind wie in der Liebe bekanntlich alle Mittel erlaubt, wobei unklar ist, ob diese „Lebensweisheit“ auf Cicero, Napoleon oder die chinesischen Strategeme zurückzuführen ist.

So ist aus der „Chance Einwanderung“ in der Wahrnehmung vieler Europäer eher eine Bedrohung geworden. Obgleich der Bevölkerung in allen europäischen Staaten eine Überalterung droht, wird die „Auffrischung“ von außen häufig nicht als Bereicherung empfunden, sondern als mögliche Gefahrenquelle.

Vor diesem Hintergrund hat Artikel 20, Absatz 2 des Grundgesetzes verstärkt an Bedeutung gewonnen: Darin heißt es: „Alle Staatsgewalt geht vom Volke aus“. Über die Frage „Wer ist das Volk?“ ist in den letzten Jahren eine der schärfsten politischen und gesellschaftlichen Diskussionen seit Bestehen der Bundesrepublik Deutschland entbrannt. Eine wachsende Zahl von Menschen verliert das Vertrauen in die Institutionen, die eben dieses Volks repräsentieren sollen. Das weitgehende Versagen der internationalen Institutionen in der Coronakrise 2020/21/22 – von der zu den Vereinten Nationen gehörenden Weltgesundheitsorganisation bis hin zur Europäischen Union –, aber auch die Versäumnisse der Bundesregierung in der Pandemie, haben die Skeptiker sicherlich eher noch bestärkt.

Ob Virus- oder Flüchtlingskrise – immer mehr Menschen wollen ihr Schicksal selbst in die Hand nehmen. Das könnte eine positive Entwicklung sein – was ist gegen eine engagierte Bevölkerung zu sagen? – würde sie nicht von einem zunehmenden Nationalstolz getragen, der Deutschland und letztlich die halbe Welt schon einmal in die Katastrophe geführt hat.

Die eine Hälfte, die sich demokratisch nennt, sieht diesen nationalen Bewegungen mit größter Sorge vor ähnlich katastrophalen Folgen. Die andere Hälfte befürchtet, dass gerade die bisherige Politik zu einem Fiasko führt, und sieht es geradezu als Bürgerpflicht an, das Ruder noch rechtzeitig herum zu reißen. Dadurch ist ein tiefer Riss in unserer Gesellschaft entstanden, weil beide Seiten für sich in Anspruch nehmen, zu kämpfen, um ein Armageddon zu verhindern. Die Spaltung geht weit über die politische Bühne hinaus quer durch Firmen, Vereine, Freundschaften und Familien bis hinein in die Schulen.

In diesem Zwiespalt mag es helfen, sich die Grundwerte des Humanismus zu verdeutlichen. Europa hat eine dunkle Vergangenheit – und damit sind nicht die schrecklichen Jahre der beiden Weltkriege gemeint – sondern das finstere Mittelalter.

Erst im 19. Jahrhundert entwickelte sich ein Gesellschaftsideal, das für jeden einzelnen Menschen die bestmögliche Entfaltung seiner Persönlichkeit gewährleisten soll, solange es dabei andere Menschen nicht einschränkt. Es handelt sich dabei um ein Ideal, das natürlich in seiner Reinheit unerreichbar bleibt. Aber dieses Ideal anzustreben, sich für dieses Ideal einzusetzen und konsequenterweise gegen alle Strömungen zu stellen, die diesem Ideal entgegentreten, kann eine Leitschnur, ein roter Faden durch Argumente und Anfeindungen egal von welcher Seite sein.

## Deutschland ist ein säkularer Staat

Deutschland ist ein säkularer Staat. Unser Grundgesetz bildet die Basis unserer Gesellschaft und keine religiöse Lehre; weder das Christentum noch der Islam. Deutschland ist ein Land des freien Denkens und der Meinungsfreiheit. Es ist das Gegenteil eines Gesinnungs-Deutschlands, in dem freies Denken nur in die eine oder in die andere Richtung erlaubt ist.

Diese Freiheit bedeutet aber nicht, andere gewähren zu lassen, die den Humanismus in unserer Gesellschaft angreifen und zerstören wollen. Ganz im Gegenteil: Die Angst, dass dieses große Ideal des Humanismus in der Tagespolitik sowie im demokratischen Wettstreit der Parteien verloren geht, ist durchaus berechtigt. Und vor allem, dass der Wille auf der Strecke bleibt, sich hierfür einzusetzen und die zerstörerischen Kräfte abzuwehren.

Es muss möglich sein, dass in Deutschland weder ein islamischer Staat noch ein „Viertes Reich" entsteht. Es geht weder darum, das Deutschland unserer Väter und Mütter bis in alle Ewigkeit zu zementieren, noch darum, jedweden äußerlichen Einfluss als Bereicherung zu begrüßen. Aber es geht darum, sich nicht von jenen instrumentalisieren zu lassen – ganz gleich, von welcher Seite – die Hass sähen, um durch die Spaltung der Gesellschaft Macht zu erlangen.

## Schlüsselrolle der Medien

Das gilt auch für alle Medien, denen dabei eine Schlüsselrolle zufällt. Es ist natürlich richtig, dass die Medien als unabhängige Beobachter und Mahner mit dem Finger auf sämtliche Entwicklungen zeigen, die fragwürdig erscheinen. Aber es ist ebenso wichtig, dass sie erkennen, wenn sie dabei manipuliert werden. Sie dürfen sich nicht zu willfährigen Handlagern derjenigen degradieren lassen, die Hass schüren und unsere Gesellschaft spalten wollen.

Vielmehr gehört es zur Kernkompetenz des Journalismus, mit einem eigenen intellektuellen Potenzial zu erkennen, wann Missbrauch stattfindet und sich dagegen zu wehren. Der Großteil der Bevölkerung gehört nicht zu den Akteuren politischer Entwicklungen, sondern sitzt auf der Zuschauerbank, bestenfalls oder je nach Blickwinkel schlimmstenfalls Beifall klatschend. Dies ist mit einer Verantwortung aller Publizierenden verbunden, die wohl noch nie so groß war, wie heute. In diesem Sinne versteht sich das vorliegende Werk als „Verantwortungsmacher", als eine Schrift, die Verantwortung anmahnen und übernehmen will.

## Humanistische Grundeinstellung

Eine Umfrage aus dem Jahr 2020 zeigt, dass ein Großteil der Bevölkerung Deutschlands seine humanistische Grundeinstellung nicht verleugnen will. Als das Flüchtlingslager Moria auf der griechischen Insel Lesbos in den Flammen aufging, sprachen sich 87 Prozent aller Deutschen für die Aufnahme der Betroffenen in Deutschland aus. Allerdings: Rund die Hälfte von ihnen machte eine Aufnahme davon abhängig, dass es eine europaweite Verteilung gab.[4] Trotz dieser Einschränkung, die im Grunde einen Ruf nach Fairness in Europa darstellte, herrschte 2020 also ein hohes Maß an Mitmenschlichkeit in Deutschland.

Allerdings lag die Umfrage mitten in der Coronazeit, in der viele Menschen auch in Deutschland am eigenen Leib erfuhren, dass sie ihr Schicksal nicht nur selbst bestimmen, sondern dass es ebenso von äußeren Mächten – in diesem Fall ein kleines Virus, das die ganze Welt überfallen hat – abhängt. Es bleibt abzuwarten, ob die dadurch erlangte Mitmenschlichkeit langfristig erhalten bleibt, wenn die Coronazeit vorüber und die Migrationsströme in den 2020er Jahren und darüber hinaus wieder zunehmen.

Die ersten Reaktionen auf die aus der Ukraine nach dem russischen Einmarsch flüchtenden Menschen in Deutschland und anderen Ländern Europas ließen im Frühjahr 2022 die Hoffnung aufkeimen, dass die Empathie für Menschen in Not weiterhin hoch ist. Das mag zum einen daran liegen, dass die russische Aggression gegenüber der Ukraine als unverzeihlich, unfassbar und unzweifelhaft „böse“ eingestuft wurde. Es war deutlich erkennbar, dass die Ukrainer Kriegs- und nicht etwa sogenannte Wirtschaftsflüchtlinge waren, dass sie ihr Leben retten wollten und nicht „nur“ ihre Lebenssituation zu verbessern suchten. Zum anderen gehörte die Ukraine 2022 „gefühlt“ zu Europa. Das Land hatte schon Jahre vorher über ein Assoziierungsabkommen mit der EU beratschlagt, das allerdings auf russischen Druck niemals unterzeichnet worden war. Doch die Demokratiebewegung und die Hinwendung gen Westen ließen nicht nur in Deutschland die Meinung aufkommen, „die gehören zu uns“ – und die Hilfe für die Flüchtlinge aus der Ukraine fiel leichter und empathischer aus.

Daraus eine generelle und große Aufnahmebereitschaft für Menschen aus allen Kulturkreisen abzuleiten, ginge indes zu weit. Rückblickend wird man wohl feststellen müssen, dass die von der EU angesichts des Kriegs im Osten Europas zugelassene Massenintegration aus der Ukraine – so positiv man sie unter humanitären Gesichtspunkten zu bewerten hat – das Thema der Migration nach Europa erneut in den Mittelpunkt der politischen Auseinandersetzung in der zweiten Hälfte der 2020er Jahre setzen wird. Die Tatsache, dass sich Georgien 2022 nur eine Woche nach dem Beginn des Kriegs in der Ukraine ebenfalls um eine Mitgliedschaft in der EU beworben und damit seine Bevölkerung einem ähnlichen Kriegsrisiko durch Russland ausgesetzt hat, ließ die Dimension möglicher künftiger Fluchtbewegungen in Richtung Europa erahnen.[5]

# Angst vor Überfremdung

Die Angst eines erheblichen Teils – schwankend je nach Umfragejahr und der gerade aktuellen Situation – der deutschen Bevölkerung vor einer Überfremdung lässt sich in wenigen Sätzen zusammenfassen: Es kann nicht so weitergehen. Wir haben Ausländer, Islamisten und sonstige Feinde ins Land gelassen, die unsere freiheitlich-demokratische Grundordnung nicht akzeptieren und unsere Art zu leben nicht respektieren. Und wir sind dumm genug, unsere Gesellschaft aus falsch verstandener Humanität und Toleranz heraus preiszugeben. Die Folgen tragen wir: Das Fremdländische verdrängt unsere eigene Kultur, die Kriminalität steigt, wir sind nicht mehr Herr im eigenen Land. Es geht dabei nicht nur um diejenigen Fremdlinge, die schon heute unser Land bevölkern. Diese Menschen vermehren sich auch viel stärker als wir, sodass der Ausländeranteil in den nächsten Jahren und Jahrzehnten immer weiter steigen wird. Unser Land wird daran zugrunde gehen. Vielleicht trifft es uns gar nicht mehr so stark, aber unsere Kinder werden darunter leiden müssen. Das Deutschland, das wir kennen – unser Deutschland – wird ausgelöscht.

Ob diese Ängste berechtigt sind oder nicht ist für die politische Wirkung unerheblich. Angst lässt sich nicht mit rationalen Argumenten, mit Zahlen, mit klugen Analysen, beheben. Angst gehört zu den stärksten Gefühlen, die wir Menschen kennen. Und es gibt nur eine Maßnahme dagegen: Menschen das Gefühl der Sicherheit zu geben.

Es sind häufig dieselben Menschen, die gegen Ausländer wettern, die mit Genuss beim Italiener eine Pizza verspeisen, sich beim Griechen einen Ouzo gönnen, einen Döner beim Türken essen und das chinesische Buffet zum kleinen Preis genießen. Die Geschichte der Ausländer, die in Deutschland zunächst als Arbeiter und später häufig als Selbstständige und Unternehmer ihren Weg gehen, begann schon in den 1880er Jahren. Einen ersten traurigen Höhepunkt erreichte sie mit der Rekrutierung von über zehn Millionen Ausländern, die von den Nationalsozialisten während des Zweiten Weltkrieges aus den von Deutschland besetzten Ländern zum Arbeitseinsatz ins Reich gebracht wurden.[6]

## Die Gastarbeiter kommen und bleiben

Etwa Ende der 1960er und Anfang der 1970er Jahre begann eine neue Welle der Beschäftigung von ausländischen Arbeitskräften. Die wachsende Wirtschaft verlangte nach „Gastarbeitern", die mit Anwerbungskampagnen angelockt wurden. Schon der Begriff „Gastarbeiter" signalisierte die damalige Vorstellung: Die Menschen kommen aus anderen Ländern, arbeiten hierzulande und gehen wieder in ihre Länder nach Hause, sobald sie nicht mehr benötigt werden.[7]

Der damalige Arbeitsminister Theodor blank nannte es entlarvend „ein Stück Entwicklungshilfe für die südeuropäischen Länder".[8] Er suggerierte somit schon damals, dass Deutschland ein begehrtes Land ist und die anderen Staaten eher Entwicklungsländer seien. Anfang der Siebzigerjahre wurde immer deutlicher, dass viele Gastarbeiter keineswegs vorhatten, in ihre Herkunftsländer zurückzukehren, sondern sich in Deutschland einrichten wollten. Der damalige Bundeskanzler Willy Brandt erließ daher 1973 einen „Anwerbestopp".[9] Doch die Anzahl der Ausländer verminderte sich nicht, sondern stieg entgegen der damaligen Vorstellung praktisch aller politischen Parteien immer weiter an. Es wurde die Losung ausgegeben, Deutschland sei kein Einwanderungsland, aber die als Gastarbeiter geholten Menschen könnten ihre Familien nachziehen lassen und dürften hierzulande sesshaft werden. Da jedoch die dauerhafte Bleibe der Einwanderer politisch nicht gewollt war – man ging nach wie vor davon aus, dass sie „irgendwann" das Land wieder verlassen würden –, gab es keine Versuche der Integration. Die Zugewanderten fanden im Laufe der Zeit ihre eigenen Wege, viele gründeten beispielsweise Restaurants mit den zwischenzeitlich bei immer mehr Deutschen beliebten kulinarischen Spezialitäten ihrer Heimat. Gleichzeitig entstanden in dieser Zeit die ersten Ängste vor einer Überfremdung und es bildete sich ein erstes Potenzial für nationalistische Tendenzen. Das galt umso mehr, als sich allmählich der europäische Binnenmarkt entwickelte und bis zum Ende der 1980er Jahre vollendete.[10]

Parallel dazu begannen zur gleichen Zeit die ersten Massenwanderungen in den Armenregionen der Welt. Viele der in diesen Ländern lebenden Menschen erfuhren erstmals durch die aufkommenden und sich ausbreitenden Massenmedien, dass es eine reiche Welt ohne Hunger und Durst gibt. Im Zuge des wirtschaftlichen Niedergangs und schließlich durch den Zerfall der Sowjetunion strömten aus den ehemaligen Ostblockländern seit Mitte der 1980er immer mehr „deutschstämmige Aussiedler" nach Deutschland. Es handelte sich dabei um Deutsche in den ehemaligen deutschen Ostgebieten, die zwischen 1944 und 1949 nicht nach Deutschland zurückkehren konnten, sowie um Menschen mit deutscher Abstammung, die im Ostblock häufig Repressalien ausgesetzt waren. Zwischen 1950 und 1987 kamen rund 1,4 Millionen Aussiedler nach Deutschland. Zwischen 1986 und 1988 verfünffachte sich die Zahl der neu ankommenden Aussiedler und war damit doppelt so hoch wie die Zahl der Asylbewerber. Nimmt man beide Migrationsbewegungen – Aussiedler und Asylanten – zusammen, so wanderten zwischen 1988 und 1992 mehr als 2,2 Millionen Menschen aus den ehemaligen Ostblockländern in die Bundesrepublik ein. Die Einwanderungswelle befand sich in vollem Gange.[11]

## Araber und Moslems im Fokus

Die Diskussion drehte sich spätestens seit 2015 indes weniger um Ausländer im Allgemeinen, sondern um die Araber, die Moslems, die vermeintlich unser System zersetzen. Das war insofern ein einfaches Argument, als es durch die wiederkehrenden Anschläge von Islamisten überall auf der Welt und eben auch in Deutschland immer und immer wieder bestärkt wurde. Die zuvor unvorstellbaren Anschläge auf die Türme des World Trade Centers in New York und das Pentagon in Arlington am 11. September 2001 veränderten nicht nur das Sicherheitsbedürfnis in den USA, sondern auch jenes in Deutschland. Es griff das Gefühl um sich, der Islam überrollt unser christlich-humanistisches Abendland. Der Humanismus, eine der größten Errungenschaften des „Alten Europa", der über Jahrhunderte gewachsen ist, schien binnen weniger Jahre oder Jahrzehnte vom Islam überrollt und vernichtet zu werden. Die grausamen Kreuzzüge des Christentums vergangener Jahrhunderte schienen durch einen perfiden Terror des Islams zu uns zurückzukehren. Die Unterscheidung zwischen „Islam" und „Islamismus" spielte dabei in der politischen Realität keinerlei Rolle. Die Angst ließ bei vielen Menschen eine solche Differenzierung einfach nicht zu.

Hängen blieb die im Grunde nicht neue Erkenntnis: „Man ist nirgendwo mehr sicher", die seit 2015 aktueller als je zuvor seit der Gründung der Bundesrepublik Deutschland in den Köpfen der Bevölkerung festzusitzen schien. Richtete sich der RAF-Terror der Siebzigerjahre noch vor allem gegen die Eliten des Systems, so scheinen heute „Lieschen Müller" und „Otto Normalverbraucher" auf der Straße gefährdet. Wer ein Fußballstadion betritt, einen Weihnachtsmarkt besucht oder sich einfach nur auf einem öffentlichen Platz aufhält, läuft Gefahr, von islamistischen Terroristen niedergemetzelt zu werden. Übertrieben? Mag sein. Aber es gibt für jede diese Gefahren mindestens einen einzigen Fall und der Rest ist Angst, geschürt von politischen Agitatoren und in die breite Öffentlichkeit getragen von unzähligen Schlagzeilen in den Zeitungen, Nachrichtensendungen und Talkshows.

## Patrioten gegen die Islamisierung des Abendlandes

Die Argumentation gegen Migration bediente sich einer einfachen Ideologie: Die islamischen Ausländer, vor allem Asylanten, bringen Terror und Gewalt in unsere Gesellschaft. Sie kommen hierher, um unsere christlich-abendländische Kultur zu vernichten, und wir sind auch noch dumm und naiv genug, sie gewähren zu lassen. Das war und ist im Kern die Lesart aller erfolgreichen konservativ-rechtspopulistischen Bewegungen.

In dieses Schema reihte sich beispielsweise die Pegida – Patriotische Europäer gegen die Islamisierung des Abendlandes – nahtlos ein. Am 19. Oktober 2014 wurde sie als Verein eingetragen, einen Tag später veranstaltete sie ihre erste Demonstration gegen die Islamisierung sowie die Einwanderungs- und Asylpolitik Deutschlands und Europas. Als Vereinszweck war die „Förderung politischer Wahrnehmungsfähigkeit und politischen Verantwortungsbewusstseins“ eingetragen.

Pegida war jedenfalls zeitweise durchaus erfolgreich, allerdings im außerparlamentarischen Umfeld, also auf der Straße. Auf beinahe 100 Demonstrationen über die Jahre hinweg tummelten sich fast jedes Mal mehrere tausend Teilnehmer.

## Spaltung der Gesellschaft

Wie sehr die Flüchtlingsdiskussion die Gesellschaft spaltet, verdeutlichte ein Poetry Slam am 26. September 2018 in Speyer. Auf der Veranstaltung „Speyer ohne Rassismus – Speyer mit Courage“ in der Postgalerie in Speyer trug die 14-jährige Ida-Marie Höchst einen Reim vor, der es in sich hatte: „Der Neger ist kein Neger mehr. Zigeuner darf man auch nicht sagen. Rassistisch ist das beides sehr, so hört man es an allen Tagen. Wer es trotzdem wagt, wird ausgebuht.“ Als ob das nicht genug wäre, fuhr sie fort: „Und die Moral von der Geschicht': Steckt das Messer dir im Bauch, wie's im Orient der Brauch, kannst du lauthals nur noch schrei'n, mit Rückenwind von Linksparteien: Nazis raus!“[12]

Die unsäglichen Reime lösten im Publikum nicht nur Buh-, sondern auch Jubelrufe aus. Da bei einem Poetry Slam Sieger ist, wer den lautesten Applaus einheimst, steckten die Veranstalter zunächst in der Klemme, weil sie diese Gedichte auf keinen Fall auszeichnen wollten. Letztlich wurde Ida-Marie vom Wettbewerb ausgeschlossen, weil sie mit ihren Texten das Thema des Abends ins Lächerliche gezogen habe. Die Reaktion auf den Ausschluss fiel ebenso gespalten aus, teils wütend, teils erleichtert. Bei Facebook erfuhr die 14-jährige viel Zuspruch und auch Bewunderung für ihren Mut. Es gibt aber auch hasserfüllte Beleidigungen wie: „gestörte Nazigöre".

Kurze Zeit später sprayen Unbekannte „Nazi" an die Hauswand der Mutter. Die Sprayer unterstellten vermutlich zu Recht, dass die Mutter Nicole Höchst, die sich als Bundestagsabgeordnete öffentlich gegen Migration aussprach, ihre Tochter beeinflusst hatte.

Wie die Spaltung Deutschlands schon in jungen Jahren beginnt, bewies die Berliner Waldorfschule Ende 2018, indem sie das Kind eines der Migration feindlich gegenüberstehenden Abgeordneten abwies, obwohl es gemeinsam mit einem Geschwisterkind bereits in den angeschlossenen Kindergarten ging. Der Fall löste eine Welle der Empörung zugunsten des Kindes aus. Schließlich heißt es in der Willenserklärung gegen Diskriminierung der Waldorfschulen aus dem Jahr 2007 ganz klar, dass „Waldorfschulen alle Menschen als frei und gleich an Würde und Rechten ansehen, unabhängig von ethnischer Zugehörigkeit, nationaler oder sozialer Herkunft, Geschlecht, Sprache, Religion, politischer oder sonstiger Überzeugung."[29] Im Frühjahr 2019 bestätigte die Berliner Senatsschulverwaltung, dass das Vorgehen der Waldorfschule „nicht zu beanstanden" war. Privatschulen sind frei bei der Auswahl ihrer Schüler, solange keine „Benachteiligung aus Gründen der Rasse oder wegen der ethnischen Herkunft“ vorliegt.[13]

# Die erste Flüchtlingskrise

Wenn von der Flüchtlingskrise die Rede ist, fallen meistens zwei Jahreszahlen: 1992 und 2015. Im Jahre 1992 erreichte die Zahl der Asylsuchenden in Deutschland mit über 440.000 einen vorläufigen Höhepunkt. Gleichzeitig betrug die Anerkennungsquote nur noch 4,3 Prozent. 2015 war das Jahr, in dem die damalige Bundeskanzlerin Angela Merkel die – neben den Maßnahmen zur Eindämmung der Corona-Pandemie 2020/21 – wohl folgenreichste Entscheidung ihrer Kanzlerschaft traf, die deutsche Grenze für Hunderttausende von Flüchtlingen zu öffnen, die weitgehend unkontrolliert ins Land strömten. Ein Jahr später waren mehr als eine Million Menschen seit August 2015 über die deutsche Grenze gekommen. Zurück zum Anfang.

In der Bundesrepublik war die jährliche Zahl der Asylbewerber in den ersten Jahrzehnten nach dem Zweiten Weltkrieg vergleichsweise klein. Bis 1976 kamen maximal 16.410 pro Jahr. Erst ab 1988 stieg die Zahl wieder über Hunderttausend, bis im Jahr 1992 mit über 438.191 Asylanträgen ein vorläufiger Höhepunkt der Antragszahlen in Deutschland erreicht wurde – einer Zahl, die erst 2015 überschritten wurde. Damals kamen die meisten Antragsteller aus dem ehemaligen Jugoslawien.

Ab 1993 – dem Jahr des Asylkompromisses – fand zunächst ein kontinuierlicher Rückgang statt. 2005 wurden 29.000 Asylanträge gestellt. Bis zum Jahr 2007 blieb die Zahl der Erstanträge rückläufig. Sie sank in diesem Jahr mit 19.164 Anträgen auf den niedrigsten Stand seit 1977.[14]

## Russische Föderation auf dem Weg

Erst seit dem Jahr 2008 stieg die Anzahl der Anträge wieder an. 2014 wurde der höchste Stand seit 1993 erreicht. Die neuen Asylbewerber kamen vor allem aus Serbien und Mazedonien als Folge der Abschaffung der Visumpflicht für beide Staaten im Dezember 2009. Im ersten Halbjahr 2013 stieg die Zahl der Erstanträge auf Asyl gegenüber dem gleichen Zeitraum im Vorjahr um 90 Prozent. Die meisten Antragsteller kamen 2013 aus der Russischen Föderation, gefolgt von Syrien und Afghanistan. 2014 lagen die Asylbewerber aus Syrien an erster Stelle, gefolgt von Eritrea und Serbien. Für 2015 rechnete das Bamf zunächst mit etwa 450.000 Asylbewerbern. Schon das war eine außerordentlich hohe Zahl, die eine entsprechende Resonanz in der Presse und in der Bevölkerung fand. So war es kaum verwunderlich, dass es eine Welle der Empörung auslöste, als das Bundesinnenministerium im August 2015 die Zahl nach oben korrigiert auf bis 800.000 zu erwartende Asylbewerber. Auch im folgenden Jahr 2016 blieb der Ansturm mit 745.545 Anträgen auf Asyl sehr hoch, bis er 2017 auf 222.683 Anträge sank. Die meisten Antragsteller kamen in dieser Zeit aus Syrien, Afghanistan und dem Irak.[15]

Bemerkenswert war die hohe Anerkennungsquote. Zwar führten beispielsweise 2014 nur 1,8 Prozent aller Anträge zu einer Asylberechtigung. Weitere 24,1 Prozent wurden als Flüchtlinge nach § 3 Absatz 1 AsylGesetz anerkannt, weitere 4 Prozent erhielten subsidiären Schutz nach § 4 Absatz 1, bei weiteren 1,6 Prozent wurde ein Abschiebungsverbot festgestellt. Im weitesten Sinne „erfolgreich“ endeten somit 31,5 Prozent der Asylanträge; man spricht von der sogenannten „Gesamtschutzquote“.

Abzüglich der formellen Erledigungen ergab sich nach Berechnungen von Hilfsorganisationen eine bereinigte Gesamtschutzquote von 48,5 Prozent. Werden erfolgreiche Klagen gegen Behördenentscheidungen mit einbezogen, wurden demnach mehr als die Hälfte der Antragsteller 2014 als schutzberechtigt anerkannt.[16]

## Ausländerhetze in der Presse

Die Ressentiments gegen alles Fremde begannen jedoch lange vor dieser Zeit. Seit den frühen 1980iger Jahren waren die Ausländer- und besonders die Asylpolitik bestimmende, negativ besetzte Themen im politischen Diskurs. Es ging in der politischen Auseinandersetzung um eine Änderung des Grundrechts auf politisches Asyl in der Bundesrepublik Deutschland. Sie entwickelet sich aus einer zunächst vorwiegend auf die sogenannten „Gastarbeiter" bezogenen, Ende der 1970er einsetzenden Debatte um die deutsche Ausländerpolitik. Aufgrund der steigenden Asylbewerberzahlen und der verstärkten Zuwanderung aus wirtschaftlichen Gründen erhielt die Asyldebatte ab Mitte der 1980er eine neue Richtung. CDU und CSU griffen das emotionsgeladene Thema auf und führten ab 1986 eine Kampagne gegen Asylbetrug und Wirtschaftsflüchtlinge durch.[17]

Vor allem die *Bild*-Zeitung und die *Welt am Sonntag* trugen diese Kampagne in die breite Öffentlichkeit. Später wurde dies als eine der schärfsten, polemischsten und folgenreichsten Auseinandersetzungen der deutschen Nachkriegsgeschichte bewertet. Politikern und Medien wurde vorgeworfen, durch die – in weiten Teilen – äußerst populistische Asyldebatte die Stimmung gegen Ausländer angeheizt zu haben. Die ersten politischen Profiteure dieser Entwicklung waren allerdings weder die CDU noch die CSU, sondern die rechtsradikalen Parteien. Vor allem die Republikaner und die Deutsche Volksunion (DVU) profitierten ab 1989 von der Radikalisierung und Emotionalisierung des Themas, nachdem es bereits ab 1986 verstärkt zu Angriffen von Neonazis auf Ausländer kam. Erstmals zogen Abgeordnete mit fremdenfeindlichen Parolen in die Landesparlamente ein. SPD, FDP und Grüne wehrten sich jedoch gegen eine Einschränkung des Grundrechts auf politisches Asyl. Der bayerische Innenminister Edmund Stoiber (CSU) drohte, das „Ende der Einheit der Union" würde eintreten, falls die CDU in der Asylrechtsfrage auf den Kurs der FDP und der SPD einschwenken würde.[18]

Herrschte 1989/90 noch eine allgemeine Euphorie gegenüber den Flüchtlingen aus Osteuropa, so schlug die Stimmung 1990/91 um. Umfragen zufolge wurden zunächst eher die überwiegenden Aussiedler aus dem Osten als Belastung empfunden, doch die Unionsparteien kanalisierten die Aggressionen gegen die Asylbewerber um. Nach der Wiedervereinigung 1990 verschärfte die Union ihre Asylkampagne. Es kam zu einer Welle rassistisch motivierter, vornehmlich gegen Asylbewerber gerichteter Gewalttaten, wie den Ausschreitungen in Rostock-Lichtenhagen. Die Medien, allen voran die *Bild*-Zeitung, verbreiteten eine panikartige Stimmung.

Zwischen Juni 1991 und Juli 1993 wurden in Umfragen die Themen Asyl und Ausländer als dringendste Probleme angegeben, weit vor der deutschen Vereinigung und der Arbeitslosigkeit. Die Situation verschärfte sich, als aufgrund der Öffnung des Eisernen Vorhangs und insbesondere wegen des Bürgerkriegs in Jugoslawien die Flüchtlingszahlen stark anstiegen. Dass der Höhepunkt der Asylbewerberzahlen mit der beispiellosen sozialen und wirtschaftlichen Umbruchsituation in Ostdeutschland sowie mit einer massenhaften Zuwanderung von Aussiedlern zusammenfiel, verlieh der Entwicklung eine besondere Brisanz.[19]

## Asyländerung des Grundgesetzes

Die Debatte führte 1992/93 zum Asylkompromiss. Dieser mündete in einer Änderung des Grundgesetzes der Bundesrepublik Deutschland und schränkte das individuelle Recht auf Asyl hierzulande stark ein. Am 6. Dezember 1992 vereinbarten die Parteien der Regierungskoalition, bestehend aus CDU, CSU und FDP mit Zustimmung der für die verfassungsändernde Zweidrittelmehrheit im Bundestag erforderlichen SPD-Opposition eine Neuregelung des Asylrechts unter Bundeskanzler Helmut Kohl. Am 26. Mai 1993 beschloß der Deutsche Bundestag die Änderung des Grundgesetzes und des Asylverfahrensgesetzes, das mit Wirkung vom 24. Oktober 2015 in Asylgesetz umbenannt wurde. Im Kern wurden dadurch die Möglichkeiten eingeschränkt, sich erfolgreich auf das Grundrecht auf Asyl zu berufen. Zudem gehörten zum Asylkompromiss die Einführung des Asylbewerberleistungsgesetzes sowie die Schaffung eines eigenständigen Kriegsflüchtlingsstatus (§ 32a Ausländergesetz).[20]

Der Asylkompromiss von 1992 trug durchaus zur Beruhigung der politischen Lage in Deutschland bei. Danach sank die Zahl der Asylbewerber erheblich, weshalb die Asyldebatte schlagartig an Bedeutung verlor. Rechte Parteien, wie die Republikaner oder die DVU, büßten ihre Bedeutung ein. Das ging solange gut, bis Angela Merkel ab 2009 ihre „alternativlose Politik" begann und damit unfreiwillig zum Namensgeber der 2013 gegründeten Alternative für Deutschland (AfD) wurde. Im Jahr 2015 lebte die Asyldebatte wieder stärker auf als je zuvor und bestimmte noch weit in die 2020er Jahre hinein maßgeblich die politische und gesellschaftliche Diskussion in Deutschland.

# 2015: Wir schaffen das

Wir schaffen das!", sagte die damalige Bundeskanzlerin Angela Merkel am 31. August 2015 in der Berliner Bundespressekonferenz im Hinblick auf die Flüchtlingslage in Europa. Zu diesem Zeitpunkt konnte sie noch nicht ahnen, dass diese Worte ihr politisches Handeln über Jahre hinweg begleiten würden – und dass sie nur wenige Tage danach ihr politisches Schicksal an nur einem Wochenende riskierte.

## Einsame Entscheidung der Kanzlerin

Am 4. September 2015, ein Freitag, besiegelte Bundeskanzlerin Angela Merkel ihre politische und ihre persönliche Zukunft. Spät in dieser Nacht traf sie eine einsame Entscheidung, die Deutschland spalten und einen politischen Rechtsruck beschleunigen sollte, wie ihn die Bundesrepublik Deutschland nie zuvor erlebt hatte. Es war eine Entscheidung, die in weiten Teilen der Bevölkerung die Frage aufwarf: Wie viel Zuwanderung halten wir aus?

Daran schlossen sich viele weitere Fragen an: Was sind das für Menschen, die zu uns kommen? Woher kommen sie, was wollen sie hier? Gefährden sie unsere Sicherheit, sind potenzielle Attentäter darunter? Und über allem: Droht uns eine Überfremdung, wird unsere abendländische Kultur durch die überwiegend muslimischen Zuwanderer verdrängt?

Es war eine historische Entscheidung, die Angela Merkel am Freitag, den 4. September 2015 traf, weil sie die Geschichte in ein Vorher und ein Nachher teilte.[21] Es markierte eine Zäsur in Merkels Kanzlerschaft, ähnlich gravierend wie die Entscheidungen in den Coronajahren 2020/21. Schon kurze Zeit später wurde sie als „Merkels Grenzöffnung" bezeichnet, von manchen sogar als „Zweiter Mauerfall". Die Bundeskanzlerin selbst sprach bald von einer „Ausnahme". Ihre politischen Gegner propagierten den Slogan vom „Kontrollverlust", von dem Tag, an dem der Staat die Kontrolle verlor.

## Kontrollverlust des Staates

Eigentlich ging es dabei nicht nur um den Freitag, sondern um das Wochenende vom 4. bis 6. September 2015.[22] Die Geschichte begann auf dem Bahnhof in Budapest. Schon seit vier Tagen saßen dort etwa 3.000 Flüchtlinge im Untergeschoss des Bahnhofs fest, in Zelten auf Matratzen. Viele von ihnen hatten sich Monate zuvor überwiegend aus dem Krieg in Syrien auf den Weg in Richtung Westen gemacht, um in Europa nach einem besseren Leben in Frieden zu suchen. Diese Situation war im Grunde nicht neu, denn bis Mitte August 2015 wurden schon mehr als 150.000 Flüchtlinge in Ungarn registriert.

Die Lage veränderte sich allerdings, als eine Nachricht des Bundesamtes für Migration und Flüchtlinge (Bamf) am 25. August 2015 um 13:30 Uhr über Twitter verschickt wurde. Darin teilte das Amt in 134 Zeichen mit, dass unregistrierte Flüchtlinge aus Syrien in Deutschland ab sofort anerkannt würden. Wörtlich hieß es: „#Dublin-Verfahren syrischer Staatsangehöriger werden zum gegenwärtigen Zeitpunkt von uns weitestgehend faktisch nicht verfolgt.“ Diesem Tweet ging am 21. August 2015 ein amtsinterner Vermerk voraus, mit folgender Überschrift: „Verfahrensregelung zur Aussetzung des Dublin-Verfahrens für syrische Staatsangehörige“, den die Regierungsdirektorin Angelika Wenzl im Bamf verschickte. Die Aussage lautete im Kern: Kein Syrer, der in Deutschland Asyl beantragt, wird mehr in das Land zurückgeschickt, in dem er erstmals europäischen Boden betreten hat.

Diese – nur für den internen Gebrauch verfasste – Anweisung gelangte in die Medien, verbreitete sich rasch und führte zu einer Welle von Anfragen. Daher sah sich die Pressestelle des Bamf am 25. August 2018 augenscheinlich genötigt, mit dem verhängnisvollen Tweet für Klarheit zu sorgen – jedoch ohne sich der weitreichenden Folgen bewusst zu sein. Der ungarische Botschafter in Berlin fragte im Innenministerium nach, wie die Rechtslage sei. Dort kannte man den Tweet nicht und war ratlos.

Auf der Balkanroute, dem Fluchtweg der meisten Flüchtlinge über die Türkei, Griechenland, Mazedonien, Serbien, Kroatien und Slowenien, wurde die Nachricht als Einladung verstanden und verbreitete sich rasend schnell auf den Smartphones der Flüchtlinge. Zu diesem Zeitpunkt waren seit Anfang September mehr als 100.000 Flüchtlinge zwischen Griechenland und Ungarn unterwegs. Viele – sehr viele – wollten angesichts der vermeintlichen Einladung aus Deutschland nicht mehr in Ungarn bleiben, sondern verständlicherweise nach Deutschland kommen, wo sie das Amt willkommen heißen sollte. Die Menschen auf der Flucht vor dem Krieg in Syrien zeigten ihre Smartphones mit der Twitter-Nachricht überall herum, auch den Polizisten und Ordnungskräften in Ungarn, wo sie festsaßen. Sie wollten jetzt weiter nach Deutschland. Die Entfernung erschien ihnen gering, schließlich waren viele von ihnen schon etwa 3.000 Kilometer aus Syrien zu Fuß nach Ungarn gekommen. Der Tweet wurde indes nicht nur von den Menschen auf der Flucht gelesen. Schon am 3. September 2015 ließ Ungarns Ministerpräsident Viktor Orbán öffentlich verlauten, die Flüchtlingskrise sei kein europäisches, sondern ein deutsches Problem. Damit übernahm er eine politische Interpretation des amtlichen Tweets, die Schule machen sollte.

Für Angela Merkel begann der 4. September 2015 zunächst wie ein ganz normaler Arbeitstag. Die Planung sah vor, dass sie nach der Besprechung der Morgenlage im siebten Stock des Kanzleramtes nach München fliegt, um eine Schule zu besuchen und Startup-Unternehmer zu treffen, bevor es weiter zum Kommunalwahlkampf nach Essen gehen sollte. Für den Abend war sie mit einer Rede auf einer 70-Jahr-Feier der CDU in Nordrhein-Westfalen eingeplant.

Es kam ganz anders. Schon seit Tagen wurde das ganze Ausmaß an Elend immer sichtbarer, das die Flüchtlingswelle mit sich brachte. Zwei Tage zuvor wurden die schrecklichen Bilder eines dreijährigen Jungen, der an einem türkischen Strand tot angeschwemmt wurde – bei der Flucht im Mittelmeer ertrunken – über alle Nachrichtensender verbreitet. Acht Tage zuvor entdeckte man in einem Flucht-Lkw in Österreich die Leichen von 59 Männern, acht Frauen und vier Kindern, die allesamt im Fahrzeug erstickten. Auch diese Meldung erreichte praktisch jedes Wohnzimmer in Deutschland. Die Bilder vom Budapester Bahnhof zeigten verzweifelte Menschen, darunter viele Familien, die im Elend festsaßen, aussichtslos, zukunftslos, dem Schicksal preisgegeben. Viele von ihnen skandierten über Tage hinweg immer wieder „Germany!, Germany!, Germany!“ und auch „Merkel!, Merkel!, Merkel!“, um an die Einladung aus Deutschland zu erinnern. Sie wollten nicht mehr in Ungarn bleiben, sie wollten weiter nach Westen.

In der morgendlichen Besprechung im Kanzleramt herrschte die Meinung, die ungarische Regierung habe die Flüchtlinge betrogen, als sie ihnen Fahrkarten nach Österreich verkaufen ließ, den Zug danach aber kurz hinter Budapest in der kleinen Stadt Bicske zum Halten brachte. Angela Merkel spürte an diesem Morgen augenscheinlich, dass sich die Situation weiter zuspitzen könnte, und ließ Bernhard Kotsch, ihren stellvertretenden Büroleiter, sie den ganzen Tag begleiten. Derweil formierte sich im ungarischen Bahnhof allmählich der Marsch nach Westen. Die Erkenntnis „Wenn wir mindestens tausend Mann sind, kann uns niemand stoppen“ griff um sich. Über ein Megafon, das ein ungarischer Helfer am Vortag gekauft hatte, verkündete ein ehemaliger Lehrer aus Damaskus „Wir marschieren! Wir marschieren! Um 12 Uhr geht es los!“[23]

Derweil bestand der damalige Regierungssprecher Steffen Seibert in einer Pressekonferenz in Berlin darauf, Ungarn habe „die rechtlich verbindliche Pflicht“, die Flüchtlinge „ordnungsgemäß zu registrieren, zu versorgen und die Asylverfahren unter Beachtung der europäischen Standards in Ungarn selbst durchzuführen“. Er sagte: „Die Bundesregierung geht davon aus, dass Ungarn als Teil der westlichen Wertegemeinschaft seinen rechtlichen und seinen humanitären Verpflichtungen ebenso gerecht werden wird wie Deutschland“. Zu diesem Zeitpunkt waren die Worte im Grunde nur noch Makulatur, die ungarische Regierung hatte längst die Strategie begonnen, das Flüchtlingsproblem nach Deutschland weiterzureichen. Die rechtliche Situation oder humanitäre Bedenken kümmerten Viktor Orbán nicht im Geringsten. Er sah sein Land angesichts der Flüchtlingswelle völlig überlastet, während Deutschland im Herzen Europas unbeirrt auf geltendes Recht pochte. Dieses sah vor, dass jeder Flüchtling in dem Land, in dem er erstmals europäischen Boden betritt, registriert, untergebracht und versorgt wird. Diese Regelung war natürlich überaus praktisch für die Bundesrepublik: Da Deutschland durchweg von EU-Staaten umgeben ist, kam hierzulande praktisch kein Flüchtling an, während die umliegenden Staaten mit einer EU-Außengrenze unter dem Ansturm litten. Man muss es nicht gutheißen, aber man konnte in dieser Situation möglicherweise verstehen, warum Ungarns Regierungschef die Chance ergriff, angesichts des Bamf-Tweets, der öffentlich verkündete, dass genau diese Rechtslage in der Bundesrepublik außer Kraft gesetzt werde, das Problem nach Deutschland zu verschieben. Das galt umso mehr, als diese Rechtslage faktisch im benachbarten Griechenland schon längst keine Beachtung mehr fand. Schließlich kammen die meisten Flüchtlinge, die in Ungarn einwanderten, aus Griechenland, hätten also eigentlich dort verbleiben müssen.

## Der lange Marsch

Von derartigen rechtlichen und politischen Erwägungen ließen sich die Marschierer vom Budapester Bahnhof am 4. September 2015 sicherlich nicht leiten, sie wollten einfach weiter nach Westen. Bei rund 30 Grad Celsius setzte sich gegen 13

Uhr ein Tross aus rund 500 Menschen in Bewegung. Schon bald schwoll der Menschenzug auf über 3.000 Personen an, Männer, Frauen, Kinder. Die Flüchtlinge waren es leid, auf Entscheidungen der europäischen Regierungen zu warten, sie nahmen ihr Schicksal selbst in die Hand. Angesichts ihrer Flucht aus dem Krieg, ihrer verzweifelten Lage und ihrer Zukunftslosigkeit war es ihnen kaum zu verdenken.

Indes war die Lagebeurteilung von staatlicher Seite in Ungarn zu diesem Zeitpunkt noch indifferent. Während die hohe Politik den Abmarsch der Flüchtlinge gut hieß, versuchte eine Hundertschaft der ungarischen Polizei gegen 15:45 Uhr, die Marschierer auf der Autobahn M1 bei Budapest zu stoppen – vergeblich. Die Polizeistellung wurde von der Menge überrannt. Mehrere Kamerateams, die den Tross begleiteten, sendeten die Bilder in alle Welt.

Nun grenzt Ungarn bekanntlich gar nicht an Deutschland, Österreich liegt dazwischen. Daher marschierte der Tross zunächst weiter in Richtung Wien, das rund 250 Kilometer von Budapest entfernt liegt. Dabei ragten drei Männer in besonderer Weise aus der Masse heraus: Einer schwenkte eine EU-Fahne, einer hatte sich ein Foto von Angela Merkel angeheftet und einer schob einen Mann im Rollstuhl. Das Bild dieser Drei verbreitete sich rasch über die sozialen Medien, wo der Marsch den Namen „#marchofhope“ erhieelt.[24]

Um 19:30 Uhr wurde das österreichische Außenministerium vom ungarischen Botschafter in Wien offiziell darüber informiert, dass sich beinahe 1.000 illegal nach Ungarn eingereiste Flüchtlinge auf dem Weg nach Österreich befnden. Der damalige österreichische Bundeskanzler Werner Faymann war keineswegs gewillt, dass ungarische Problem zu einem Problem seines Landes zu machen. Es war klar, dass sich die Marschierer nur durch Gewalt stoppen lassen würden, und dass die dabei entstehenden Fernsehbilder um die Welt gehen würden. Sie würden zeigen, wie hochgerüstete Polizisten mit Gewalt gegen wehrlose Flüchtlinge vorgehen, die nichts anderes wollten, als ein menschenwürdiges Leben zu führen. Diese Bilder wollte Kanzler Faymann unter allen Umständen vermeiden und rief um etwa 19:45 Uhr seine deutsche Amtskollegin Angela Merkel an. Ihm war wohl klar, dass Österreich allein den Flüchtlingszustrom nicht bewältigen konnte. Deutschland musste seine Grenze ebenfalls öffnen, um eine Chance zu haben, den Ansturm in geordnete Bahnen zu leiten, soweit das überhaupt möglich war.

Angela Merkel saß zu diesem Zeitpunkt auf dem Podium des CDU-Jubiläums im Kölner Festhaus Flora. Ihr stellvertretender Amtsleiter Bernd Kotsch, der sich im Publikum aufhielt, bekam auf seinem Handy die Mitteilung aus dem Kanzleramt in Berlin, dass der österreichische Kanzler Werner Faymann die Bundeskanzlerin unverzüglich zu sprechen wünsche. Derweil beendete Merkel ihre 32-minütige Festrede in Köln mit dem Satz: „Eine Feier ist gut, von nun an wird wieder gearbeitet, und das kann ja auch Spaß machen."

## Nächtlicher Telefonmarathon

Auf der Fahrt zum Flughafen in einem gepanzerten Audi A8 ließ sie sich mit Faymann verbinden, der ihr die Lage eindringlich schilderte. Er sprach von einer Notsituation, von den verheerenden Bildern von der Autobahn, von Gewalt und Tod. Es war wohl diese Zeitspanne zwischen dem Aufbruch aus der Kölner Flora und der Ankunft am Flughafen, in der Angela Merkel das ganze Ausmaß der Situation deutlich wurde, in der sie die drohende humanitäre Katastrophe erkannte. Es wurde ihr in diesen Minuten wohl klar, dass Deutschland nicht einfach die Grenzen dichthalten kann, den Marsch der Flüchtlinge nicht an der deutschen Grenze mit Gewalt stoppen kann. Sie begann mit ihren Ministern und ihren Beratern zu telefonieren.

Gegen 20:40 Uhr ging eine E-Mail beim damaligen Kanzleramtschef Peter Altmaier und Staatssekretärin Emily Haber, der Flüchtlingsbeauftragten im Bundesinnenministerium ein, abgeschickt vom ungarischen Botschafter József Czukor in Berlin. Darin teilte er die Entscheidung des ungarischen Regierungschefs Viktor Orbán mit, Tausende von Flüchtlingen mit Bussen aus Ungarn an die Grenze zu Österreich zu transportieren. Der Chef von Orbáns Staatskanzlei, János Lázár, trat um etwa 21:15 Uhr vor das Budapester Parlamentsgebäude, um diese Entscheidung öffentlich zu verkünden. Etwa 100 Busse sollten bereitgestellt werden. Wie Österreich mit den Ankommenden umging, müsse die österreichische Regierung selbst entscheiden.

Ein aktueller Telefonkontakt zwischen Orbán und Faymann war bis zu diesem Zeitpunkt noch nicht zustande gekommen. Es hatte den Anschein, als ob sich der österreichische Kanzler an diesem Abend verleugnen ließ und das Telefonat auf den nächsten Tag um 9 Uhr verschieben wollte. So lange könne Ungarn nicht warten, wetterte Lázár, und sagte: „Die EU und mehrere EU-Mitgliedsstaaten fordern von uns Solidarität, während sie selbst keinerlei Solidarität mit uns zeigen."

Merkels Telefonmarathon zeigte zu diesem Zeitpunkt bereits Wirkung. Mit dem damaligen Außenminister und späteren Bundespräsidenten Frank-Walter Steinmeier sowie mit dem damals amtierenden Vizekanzler Sigmar Gabriel sprach sie ab, 7.000 bis 8.000 Flüchtlinge vom Budapester Bahnhof nach Deutschland zu holen. Sowohl Steinmeier als auch Gabriel erinnerten sich später daran, dass sie dabei eher von Merkel unterrichtet wurden, ein ausführliches Gespräch habe nicht stattgefunden, schon gar keine Diskussion. Steinmeier war zu diesem Zeitpunkt auf einer Tagung der Außenminister in Luxemburg, das Gespräch mit Gabriel, der bei seiner Familie im hessischen Goslar weilte, dauerte nur rund fünf Minuten. Das Außenministerium prüfte die rechtliche Situation und gelangte im Laufe des Abends zu der Einschätzung, das geltende europäische Recht sehe ein „Selbsteintrittsrecht" der Vertragsstaaten vor. Anders ausgedrückt: Wenn ein EU-Staat will, kann er beliebig viele Flüchtlinge ins Land lassen. Damit schien die juristische Grundlage für eine von Merkels weitreichendsten Entscheidungen ihrer Kanzlerschaft – neben den gravierenden Beschlüssen zur Pandemie-Bekämpfung 2020/21 – geschaffen.[25]

## Vorwurf des Rechtsbruchs

Noch Jahre später sah sich Angela Merkel wegen dieser Nacht dem Vorwurf des „Rechtsbruchs" ausgesetzt. Dabei ging es aber weniger um eine juristische Bewertung, wie das Wort „Rechtsbruch" nahelegt, als vielmehr um eine politische Dämonisierung der Nacht vom 14. auf den 15. September 2015.

Unter den Marschierern auf der Autobahn brach Jubel aus, als sich die Nachricht verbreitete, dass sie mit Bussen an die

Grenze nach Westen gebracht werden sollten. Um 00:17 Uhr meldete die österreichische Nachrichtenagentur APA: „Österreich und Deutschland erlauben aus Ungarn kommenden Flüchtlingen die Weiterreise in ihre Länder. Das erklärte Bundeskanzler Werner Faymann am Freitagabend nach einem Gespräch mit dem ungarischen Premierminister Viktor Orbán. Die Entscheidung sei „aufgrund der heutigen Notlage an der ungarischen Grenze‹ gefallen“, hieß es seitens des Kanzleramtes.

Rund eine Viertelstunde später trafen die ersten Busse bei dem Flüchtlingstross auf der Autobahn M1 bei Budapest ein. Die Menschen stiegen ein, die Busse fuhren los. Wie viele es waren und um wen es sich handelte, blieb völlig unklar. Kurz vor 4 Uhr trafen die ersten Busse bei Regen am österreichischen Grenzübergang Nickelsdorf ein. Die Menschen mussten in Ungarn aussteigen und zu Fuß über die Grenze laufen. Sie hatten bis dahin eine lange Fluchtstrecke hinter sich gebracht, waren müde, hungrig und für die Temperaturen unzureichend gekleidet, viele trugen nur Flipflops. An eine Registrierung der Ankommenden war nicht zu denken. Es ging nur darum, den Menschen zu helfen und sie zum Westbahnhof in Wien weiter zu transportieren. Neben den Flüchtlingen aus den Bussen trudelten Hunderte weiterer Afghanen, Iraker, Somalis und Syrer ein, die von privaten Helfern mit Autos zum Bahnhof gebracht wurden.

Am nächsten Vormittag sagte der FPÖ-Abgeordnete Christian Hafenecker: „In unserem Land befinden sich tausende Menschen, von denen weder bekannt ist, wer sie sind, woher sie kommen noch, was ihr Fluchtgrund ist. Dabei droht die Terrormiliz ›Islamischer Staat‹ immer wieder, Kämpfer in der Masse der Flüchtlinge nach Europa zu schleusen.“ Er formulierte damit eine Befürchtung, die in den nächsten Tagen, Wochen, Monaten und Jahren auch weite Teile der Bevölkerung in Österreich und Deutschland beschlich.

Es war ein Argument, dem man nur schwerlich beikommen konnte: Niemand wusste, wer in dieser Nacht und am ganzen Wochenende einreiste. Es gab keinerlei Grenzkontrollen. Und daraus nährte sich die These vom Kontrollverlust des Staates. Aus der Entscheidung zur Hilfe in einem humanitären Notfall, wie Angela Merkel die Lage in dieser Nacht einschätzt, wurde ein Politikum, das die Nation spaltete.

## Schnelle statt wohlüberlegter Entscheidungen

In diesen Tagen ging es indes eher um schnelle, denn um wohlüberlegte Entscheidungen, um Hilfe für die Menschen und nicht zuletzt um Logistik. Hierzu organisierte das staatliche Eisenbahnunternehmen Österreichs, die Österreichischen Bundesbahnen (ÖBB), den Weitertransport der Flüchtlingsmassen. Vorstandschef war in dieser Zeit Christian Kern, der später vom Mai 2016 bis zum Dezember 2017 das Land als Bundeskanzler regieren sollte. Er hat zu einem viel späteren Zeitpunkt rückblickend gesagt: „Das ist alles sehr spontan geschehen, das hatte gar nichts Generalstabsmäßiges. Wir mussten innerhalb von Minuten entscheiden: Wir stellen jetzt Busse und Sonderzüge zur Verfügung. Die Entscheidung hatte zwei Aspekte: Zum einen war es ein Akt der Humanität. Zum anderen bewegten uns ganz pragmatische Gründe: Die Menschen wären ohnehin entlang der Gleise gelaufen.“

So ging es im September 2015 vor allem darum, die Logistik für den Flüchtlingsstrom zu organisieren. Christian Kern telefonierte mit Rüdiger Grube, dem damaligen Chef der Deutschen Bahn, es wurden Sonderzüge bereitgestellt, Personal und Nahrungsmittel organisiert.

Es gab etwa um 4 Uhr morgens wohl auch ein Telefonat zwischen Angela Merkel und Werner Faymann, in dem die Bundeskanzlerin nochmals versicherte, dass Deutschland einen Teil der Flüchtlinge aufnehmen wird.

Am nächsten Tag trafen gegen 13 Uhr die ersten Flüchtlinge in München ein. Wer die Spannungen zwischen Merkel und dem damaligen bayerischen Ministerpräsidenten Horst Seehofer und CSU-Chef in den späteren Jahren beurteilen wollte, sollte wissen, dass Seehofer in dieser Nacht dem Einlass der Flüchtlinge nach München niemals zugestimmt hatte, dass er nicht einmal dazu gefragt wurde. Zwar schickte die Kanzlerin am 4. September 2015 irgendwann nach 22 Uhr eine SMS an Seehofer, aber diese erreichte ihn offenbar nicht, jedenfalls reagierte er nicht darauf. Horst Seehofer hielt sich zu dieser Zeit in seinem Ferienhaus in Schamhaupten im Altmühltal auf. Später erklärte er, dass er sein Mobiltelefon abends abgeschaltet habe, wie immer im Urlaub. Als Merkel keinen Kontakt zu Seehofer bekam, bat sie Peter Altmaier über Karolina Gernbauer, die Leiterin der bayerischen Staatskanzlei, an Seehofer heranzukommen. Auch dieser Kommunikationsweg funktionierte offenbar nicht. Der bayerische Ministerpräsident Horst Seehofer wurde am nächsten Morgen, als er die Kanzlerin gegen 8 Uhr zurückrief, vor vollendeten Tatsachen gestellt: Tausenden von Flüchtlingen wurde die Einreise nach Bayern erlaubt, ohne dass er zuvor unterrichtet geschweige denn gefragt wurde. Diese Nacht belastete das persönliche Verhältnis zwischen Merkel und Seehofer derart, dass es während der Amtszeit der beiden dauerhaft zerrüttet blieb. Es hätte nämlich sehr wohl eine Möglichkeit gegeben, Horst Seehofer trotz abgeschaltetem Handy zu unterrichten, indem man die Polizei zu seinem Ferienhaus geschickt hätte. Auf diesem Weg waren auch andere Politiker schon in zeitkritischen Situationen erreicht worden. Ob Seehofer womöglich geahnt hat, dass er in die Entscheidung gar nicht einbezogen, sondern nur unterrichtet werden sollte und sich aus diesem Grund stumm verhalten hat, bleibt Spekulation. Am nächsten Morgen jedenfalls sagte er im Telefonat mit Merkel: „Angela, das wird problematisch, wir werden den Pfropfen nicht mehr zurück in die Flasche bekommen.“ Er sollte recht behalten.

Schon um 7 Uhr traf sich wie an jedem Morgen in diesen Tagen der Krisenstab der Stadt München im Jugendamt wenige Schritte vom Hauptbahnhof entfernt. Der Regierungspräsident von Oberbayern, Christoph Hillenbrand, der Oberbürgermeister Dieter Reiter und andere Vertreter der Stadt, der Polizei sowie freiwillige Helfer kamen weitgehend ratlos zusammen. Es war zu diesem Zeitpunkt nur ein Gerücht, dass Flüchtlinge in Richtung der bayerischen Landeshauptstadt unterwegs sind. Wie viele, wenn überhaupt, und wann sie eventuell ankommen, war völlig unklar. Derweil ist die Deutsche Bahn seit Stunden damit beschäftigt, Sonderzüge und Nahrungsmittel für die Flüchtlinge zu organisieren. Laut Krisenstab der Kanzlerin werde mit 3.000 bis 5.000 Flüchtlingen gerechnet. Als gegen Mittag die ersten 400 Flüchtlinge aus Ungarn in München eintrafen, wurden sie von Helfern mit Wasser und Keksen empfangen. Für die Kinder gab es Kuscheltiere.[26]

## Ausnahme der offenen Grenzen

Angela Merkel ahnte zu diesem Zeitpunkt wohl schon die Brisanz ihrer nächtlichen Entscheidung. Jedenfalls erschien sie nicht persönlich vor den Fernsehkameras, sie äußerte sich nicht selbst der Presse gegenüber, sondern überließ es Kanzleramtschef Peter Altmaier und ihrem Pressesprecher Steffen Seibert, die Öffentlichkeit zu informieren; der damalige Innenminister Thomas de Maizière blieb wegen Krankheit zu Hause. In den Erklärungen der Bundesregierung stand ein Begriff im Mittelpunkt, es war das Wort „Ausnahme". Mit der „Ausnahme" sollte signalisiert werden, dass der unkontrollierte Zustrom von Flüchtlingen keineswegs zur Regel werden sollte. Das Wort ist aber in seiner Bedeutung auch unscharf genug, um künftig weitere Ausnahmen zulassen zu können. „Ausnahme" heißt nicht „einmalig", sondern „selten", es lässt ein „hin und wieder" zu. Peter Altmaier sagte am Abend in der Tagesschau, die Bundesregierung stehe im Gespräch mit Ungarn und der EU, „damit dieser Fall sich nicht täglich wiederholt". In der Sendung „ARD-Brennpunkt Flüchtlinge – Deutschland schaut hin!", bat er um Verständnis: „Wenn Not ist, muss geholfen werden" und versicherte, es soll „eine Ausnahme gewesen sein".

Zu diesem Zeitpunkt am Samstagabend war sich die CSU in ihrer Ablehnung dieser „Politik der ausnahmsweise offenen Grenzen" einig. Die Entscheidung der Kanzlerin wurde als falsch eingestuft, man hatte Angst vor einer „zusätzlichen Sogwirkung". Das Argumen: In dieser Nacht und an diesem Wochenende sandte die deutsche Bundesregierung in alle Welt das Signal: Flüchtlinge sind in Deutschland willkommen. Keiner wird außen vorgelassen. Man muss nur an die deutsche Grenze gelangen, um eingelassen und mit dem Notwendigsten versorgt zu werden.

## Ziel: Obergrenze

Am Sonntag, den 6. September 2015, antwortete Münchens Oberbürgermeister Dieter Reiter auf die Frage, wann die Aufnahmekapazität der Stadt erreicht sei: „Letzte Woche dachten wir noch, 3.000 Personen überfordern uns, jetzt kamen fast 10.000 Leute an einem Tag. Wir beschäftigen uns also am besten nicht mit den Zahlen, sondern mit der Frage, wie wir die Leute am besten in ganz Deutschland verteilen können." Genau diese Beschäftigung mit den Zahlen wurde aber später zum Politikum. Horst Seehofer forderte noch über Jahre hinweg eine „Obergrenze" für den Zuzug von Flüchtlingen, es war von maximal 200.000 Menschen pro Jahr die Rede. Diese Zahl fand auch Eingang in den sogenannten Bayernplan, das Wahlprogramm der CSU für die Bundestagswahl 2017. „Die Obergrenze ist und bleibt ein Ziel der CSU", erklärte Parteichef Horst Seehofer noch im Juli 2017. Bundeskanzlerin Angela Merkel wurde in einem Interview mit der ARD ebenso deutlich: „Zur Obergrenze ist meine Haltung klar: Ich werde sie nicht akzeptieren". Im 177-seitigen Koalitionsvertrag zwischen CDU/CSU und SPD Anfang 2018 wurde ein Kompromiss gefunden. Die Anzahl der jährlich neu nach Deutschland kommenden Flüchtlinge und ihrer Familienangehörigen wurde auf 220.000 begrenzt, aber das individuelle Asylrecht blieb erhalten, sodass niemand abgewiesen wird, nur weil er der 220.001. Asylant ist.[27]

Horst Seehofer thematisierte dabei vor allem die Sicherheitsfragen angesichts des Flüchtlingszustroms: „Die Sicherheitslage in Bayern ist die beste in der Bundesrepublik Deutschland", ließ Seehofer die Öffentlichkeit im Laufe des Jahres 2017 immer und immer wieder wissen. Darin steckte die unverblümte Anschuldigung, in anderen Teilen Deutschlands sei es unsicherer. Das war ein gefährliches Spiel mit den Ängsten der Bevölkerung, um der eigenen Partei ein gutes Abschneiden bei der anstehenden Bundestagswahl zu ermöglichen.

Als sich am Sonntagabend des „Flüchtlings-Wochenendes", also am 6. September 2015, die wichtigsten Politiker der Regierungskoalition im achten Stock des Kanzleramtes trafen, war allerdings von einer Obergrenze noch nicht die Rede. Niemand ahnte, dass künftig täglich zwischen 6.000 und 8.000 Flüchtlinge nach Deutschland kommen würden. Es war noch kaum absehbar, dass die Frage, wie viele Flüchtlinge Deutschland oder genauer gesagt die Bevölkerung Deutschlands verkraftet, zu einer Schicksalsfrage für die Demokratie entwickeln wird. An diesem Wochenende hofften die Teilnehmer der Sitzung noch auf eine europäische Antwort. Wörtlich hieß es im Protokoll des Koalitionsausschusses: „Vor allem brauchen wir auch innereuropäische Solidarität und eine gemeinsame Asyl- und Flüchtlingspolitik der Europäischen Union". Es sollte ein Wunschdenken bleiben. Das Erstarken der nationalistischen Kräfte in praktisch allen Staaten der Europäischen Union hatte überall im Wesentlichen eine Triebfeder, nämlich den Ruf nach Abschottung vor augenscheinlich ausufernden Flüchtlingsströmen, die Angst vor der Überfremdung und auch die Angst vor Terror.

An dem Wochenende vom 4. bis 6. September 2015 trudelten mehr als 17.000 Flüchtlinge am Münchner Hauptbahnhof ein, davon 11.000 allein am Sonntag. Wie es weitergehen sollte, war völlig unklar. Die Fernsehbilder zeigten deutlich das Chaos, die Journalisten thematisierten auf allen Kanälen die Überforderung und die Hilflosigkeit der Staatsorgane. Dennoch halfen sehr viele Deutsche. Ohne die freiwilligen Helfer, die unbürokratisch überall einsprangen, wo offensichtlich Hilfe gefordert war, wäre die Situation vermutlich bereits 2015 völlig außer Kontrolle geraten.

Schon damals entstand allerdings der Eindruck, dass Deutschland die Hauptlast der Flüchtlingswelle trägt. So ließ etwa das österreichische Innenministerium noch am Abend des 6. September verkünden, dass zwar rund 15.000 Menschen aus Ungarn die Grenze nach Österreich überschritten hätten, jedoch zum Großteil nach Deutschland weitergereist seien. Lediglich 90 Flüchtlinge hätten in Österreich Asyl beantragt.

2018 wurde die im Koalitionsvertrag vereinbarte Obergrenze für die Zuwanderung von 180.000 bis 220.000 Menschen pro Jahr nicht einmal erreicht. Die Zahl der in Deutschland gestellten Erstanträge auf Asyl war demnach im Vergleich zum Vorjahr um 16 Prozent gesunken. 2017 hatte es noch 198.317 Asylerstanträge gegeben. Politisch war das allerdings zu diesem Zeitpunkt kaum noch von Bedeutung, der Rechtsruck der Republik ließ sich nicht mehr mit Zahlen zurückdrehen. Sehr wohl ließ er sich aber damit anstacheln: Rund ein Fünftel der 2018 in Deutschland gestellten Asylanträge (30.000) entfiell nämlich auf in Deutschland geborene Babys von Flüchtlingen und Migranten, die nicht älter waren als ein Jahr. Sie wurden wie ihre Eltern als Erstantragsteller auf Asyl registriert.[28] Die Befürchtung, dass die hohe Geburtenrate der nach Deutschland Gekommenen binnen weniger Generationen das Land „überfluten" werde, schien Anfang 2019 gerechtfertigter als je zuvor. 2020/21 ging die Migration nach Europa und auch nach Deutschland deutlich zurück[29] – allerdings weniger wegen geeigneter politischer Maßnahmen, sondern bedingt durch die Reise- und die sonstigen Beschränkungen aufgrund der grassierenden Pandemie.

## Fair oder naiv

Mag man Angela Merkels einsame Entscheidung in der Nacht vom 4. auf den 5. September 2015 noch mit Humanität rechtfertigen. Ihr monate- und jahrelanges Festhalten an der Suche nach einer europäischen Lösung war wohl unzweifelhaft als ein politischer Kardinalfehler einzustufen. In einer Zeit, da sich in immer mehr Staaten Europas – nicht nur in Ungarn und Österreich – die Sorge um Überfremdung und Terror im eigenen Land breitmachte, setzte Deutschland in der Flüchtlingsfrage auf Ausgleich, Harmonie und Verständnis. Man kann das als fair bezeichnen, man kann es aber auch naiv nennen. Nur wenige Tage nach dem Chaos-Wochenende, am 15. September 2015, verkündete Ungarn die Schließung der Südgrenze des Landes. Anfang November desselben Jahres führte Schweden wieder Grenzkontrollen ein, Österreich beschloss im Januar 2016 die Einführung einer Obergrenze. Das waren alles klare politische Signale, die die damalige deutsche Bundeskanzlerin nicht sah, vermutlich nicht sehen oder jedenfalls nicht wahrhaben wollte. Es ist wohl nicht übertrieben, angesichts dieses Ausmaßes an politischer Blindheit von einem historischen Fehler zu sprechen.

Es mag schon sein, dass Merkels nächtliche Entscheidung am 4. September 2015 alternativlos war. Der in Ungarn entstandene Druck durch Tausende von Flüchtlingen, die in einem Treck auf Autobahnen und an Bahngleisen entlang nach Westen marschierten, ließ möglicherweise tatsächlich keine andere Entscheidung zu. Obgleich sich auch darüber durchaus streiten lässt. Aber zu dem beinahe schon verzweifelten Ringen um eine europäische Lösung hätte es mit Sicherheit mehr als eine Alternative gegeben.

Die islamistisch motivierten Anschläge am 13. November 2015 in Paris, bei denen 130 Menschen den Tod fanden, und die sexuellen Übergriffe in der Silvesternacht 2015/16 in Köln, für die die Polizei „Täter aus dem arabischen und nordafrikanischen Raum" verantwortlich machte, unterfüttern die These von der Überfremdung, der Gefährdung und dem Terror durch die Merkel-Politik.

Die Nacht des Jahreswechsels 2015/16 in Köln stellt nicht nur für Deutschland eine Zäsur dar. In diesen letzten Stunden des 31. Dezember 2015 versammelten sich mehr als 1.000 Männer zwischen 15 und 35 Jahren rund um den Kölner Dom, die offensichtlich aus dem afrikanischen oder arabischen Raum stammten. Sie wurden von der Polizei „Nafris" genannt als Abkürzung für Nordafrikaner, und waren laut Polizeibericht „stark alkoholisiert" und „völlig enthemmt und aggressiv". Frauen wurden von den „Nafris" zuhauf umringt, sexuell belästigt, genötigt, beleidigt und ausgeraubt. Später wurden rund 1.200 Strafanzeigen überwiegend gegen Unbekannt gestellt. 213 Polizisten waren vor Ort, doch es gelang ihnen nicht, die angegriffenen Frauen zu schützen. Immerhin konnte die Polizei teilweise die Personalien der Angreifer feststellen: Die überwiegende Anzahl wies sich durch eine Meldebescheinigung des Bundesamts für Migration als Asylsuchende aus. Insgesamt wurden 290 Verdächtige ermittelt, vor allem Algerier, Marokkaner und Iraker, nur 37 von ihnen wurden verurteilt, davon sechs wegen sexueller Nötigung. Sie wurden zu einem Jahr Jugendstrafe auf Bewährung verurteilt.[30]

Wenn es noch eines Beweises bedurft hätte, dass durch die Migration Menschen zu uns kommen, die unsere Kultur völlig missachten, die eine Gefahr für uns darstellen, und denen unsere Polizei und unsere Gerichtsbarkeit hilflos gegenüberstehen, dann war es die Silvesternacht 2015/16, so lautete die nachvollziehbare Argumentation aller Migrationsgegner. Genau ein Jahr später war die Polizei mit einem deutlich größeren Aufgebot am Kölner Dom präsent; Männer, die afrikanisch oder arabisch aussehen, wurden präventiv zuhauf kontrolliert, damit Silvester 2016/17 ruhiger wurde als im Vorjahr. Prompt sah sich die Polizei des Vorwurfs des „Racial Profiling“ ausgesetzt, weil sie sich bei ihren Kontrollen und Ermittlungen von der Hautfarbe leiten ließ. Das war für weite Teile der deutschen Bevölkerung unfassbar: Die Situation war 2015/16 offensichtlich eskaliert, die Polizei hatte zeitweise die Kontrolle verloren, und sie durfte ein Jahr später nicht gezielt dagegen angehen. Die Schlussfolgerung: Wir haben die Kontrolle verloren und sind „dumm“ genug, uns der „Political Correctness“ wegen auch weiterhin nicht zu wehren. Zudem hieß es in der Presseerklärung der Kölner Polizei vom 13. Januar 2017: „Für die Beantwortung von Fragen, die sich nicht mit polizeilichen Möglichkeiten beantworten lassen, hat die Arbeitsgruppe Kontakt zu Gewaltforschern und Islamwissenschaftlern aufgenommen.“[31] Mit anderen Worten: Die Täter gehörten überwiegend dem Islam an, es war also sozusagen „der Islam“, der Deutschland überfallen hatte. Der gesellschaftlichen Befriedung diente diese Erkenntnis sicherlich nicht.

Die eigene Zerstrittenheit und die Regierungsdominanz in den Coronajahren 2020/21/22 ließen das Thema Migration in der politischen Landschaft Deutschlands dahinschwinden. Doch es ist damit sicherlich nicht vom Tisch, sondern wird die 2020er über weiterhin maßgeblich die politischen Diskussionen nicht nur in Deutschland, sondern überall in Europa bestimmen.

# Die zweite Flüchtlingskrise

Der Beginn der zweiten Flüchtlingskrise wird in der Regel auf das Jahr 2015 zurückdatiert – das Jahr des „wir schaffen das“, wie im vorherigen Kapitel ausführlich dargestellt. Es sind die Folgen dieser Krise, die sogar die Coronajahre 2020/21/22 überdauern und sich weit in die 2020er Jahre hineinziehen. Ein Blick auf die vorangegangenen Jahre ist also allein aus diesem Grund sinnvoll, aber auch angesichts der seit dem Jahr 2022 neuen Flüchtlingsströme aufgrund des Vorpreschen Russlands in Osteuropa. Zahlreiche Entwicklungen der Jahre 2017/18/19 werden sich wiederholen, wenn aufgrund des russischen Einmarsches in der Ukraine und darüber hinaus weite Teile der Bevölkerung von der östlichen Grenzen Europas nach Westen fliehen. Die Auswirkungen der Flüchtlingsströme nach 2015 sind beispielgebend für die Migration in Richtung Westeuropa in den 2020er Jahren.

## 2015 – Das Jahr, in dem sich Deutschland spaltet

Laut einer Emnid-Umfrage waren Mitte 2018 zwei Drittel der Deutschen der Überzeugung, dass sich das Land seit Beginn der Flüchtlingskrise 2015 zum Negativen verändert hat. 82 Prozent empfanden das gesellschaftliche Klima als deutlich rauer gegenüber den Vorjahren. Lediglich 17 Prozent stellten eine Entwicklung Deutschlands zum Guten hin fest.[32] Der damalige Bundesinnenminister Horst Seehofer sagte dazu: „Das Land hat sich ein Stück weit verändert. Die Toleranzgrenzen sinken, die Debatten werden hitziger. Die Ängste und Sorgen der Bevölkerung bei der Migrationsfrage haben zugenommen. Das Thema spaltet und polarisiert die Gesellschaft in unserem Land." Selten sollte Horst Seehofer so recht behalten, wie mit dieser Zusammenfassung.

Wenn die Menschen protestierend auf die Straße gingen, fand dies Zustimmung und Ablehnung zugleich. Dabei förderte Emnid in der Umfrage vom Sommer 2018 eine feinsinnige Unterscheidung heraus. Zwar fanden es nur 27 Prozent der Deutschen in Ordnung, wenn gegen Ausländer protestiert wird, die meisten lehnten das also ab. Aber für Proteste gegen Gewalttaten von Ausländern zeigten 71 Prozent der Deutschen Verständnis. Sobald also auch nur der Verdacht entsteht, dass Afghanen, Syrer, Iraner oder Menschen anderer Herkunft einen Deutschen angreifen, solidarisiert sich die Mehrheit mit dem Deutschen. 2019 lehnt jeder zweite Deutsche eine weitere Migration ab.[33]

Zurück zum Jahr 2015, in dem die Zahl der Schutzsuchenden, die nach Deutschland kamen, schnell stieg. Aber Unterkünfte für Asylbewerber gab es wenige, sie waren in den Jahren zuvor nach und nach abgebaut worden. Die Behörden entschieden nun ohne Langzeitplan, Städte und Kommunen kämpften für sich. Und jede Menge Busse mit Menschen aus Kriegsgebieten fuhren quer durch das Land. Es entstand weit über das im vorherigen Kapitel anschaulich geschilderte *eine* Flüchtlingswochenende hinaus der Eindruck, Deutschland versinke im Chaos. Schlimmer noch: Die Politik versäumte über lange Zeit hinweg, der deutschen Bevölkerung zu erklären, wer ins Land kommt, was damit verbunden ist und wie das alles zu schaffen sein sollte. Das Vertrauen in die Regierung schwand – eine Entwicklung, die sich in der Coronakrise der 2020/21/22er Jahre rächte, als ebenfalls zeitweise der Eindruck der Plan- und der Hilfslosigkeit um sich griff.

## Zweite Flüchtlingskrise in Europa

Die zweite Flüchtlingskrise in Europa begann 2015, als sich die Zahl der Asylbewerber auf über 1,3 Millionen beinahe verdoppelte gegenüber rund 627.000 im Jahr 2014. 2016 lag sie nochmals hoch mit 1,26 Millionen Flüchtlingen, bevor sie 2018 auf etwa 650.000 zurückging. Der Rückgang war vor allem auf zwei Ursachen zurückzuführen: die Schließung der Balkanroute und das Flüchtlingsabkommen zwischen der EU und der Türkei vom 18. März 2016.

Die Bezeichnung Balkanroute ist ein Sammelbegriff für die Einwanderung aus dem Nahen Osten über die Balkanhalbinsel – benannt nach dem Balkangebirge – im Südosten Europas. Der Großteil des Balkangebirges liegt in Bulgarien; Griechenland ist der größte Staat auf der Halbinsel, auf der auch Albanien, Bosnien und Herzegowina, der Kosovo, Mazedonien, Montenegro und Serbien liegen. Die Staatsgebiete von Kroatien, Rumänien, Slowenien und der Türkei befinden sich teilweise auf dem Balkan. Für die Einwanderung aus allen diesen Ländern bietet die EU eine etwa 2.800 Kilometer lange Außengrenze zum Westbalkan, davon gut 500 Kilometer allein am Schengenland Griechenland. Wer es nach Griechenland schaffte, befand sich im Schengenraum. Dabei waren für die Einwanderung zwei Routen zu unterscheiden: die Westbalkanroute über den inneren Balkan, von Griechenland über Mazedonien und Serbien, sowie die Ostbalkanroute von der Türkei über Bulgarien und Rumänien nach Serbien.[34]

## Balkanroute der Schmuggler

Bevor ab 2011 die Flüchtlingskrise begann, galt die Balkanroute als wichtige Ader für den Drogenschmuggel. So kamen beispielsweise 1979 allein aus der Region Afghanistan, Pakistan und Iran etwa 1.600 Tonnen Opium, viel mehr als etwa aus Thailand (160 Tonnen) oder Mexiko (10 Tonnen). Das in Afghanistan hergestellte und über die Balkanroute nach Europa geschmuggelte braune Heroin war in Deutschland am gebräuchlichsten. Die am häufigsten genutzte Schmugglerroute verlief über den Iran in die Türkei, wo das Opium zu braunem Heroin verarbeitet wurde. Eine alternative Route führte weiter nördlich über das Schwarze Meer nach Bulgarien oder in die Ukraine.[35]

Diese Schmugglerrouten waren den Ermittlungsbehörden überall auf der Welt zu Beginn der zweiten Flüchtlingswelle also längst bekannt, als sich Menschenströme über dieselben Wege nach Europa aufmachten. Die meisten von ihnen kamen aus Syrien und dem Irak, aber auch aus Afghanistan und Pakistan. Eine Zeit lang machten sich sogar viele Menschen aus Balkanländern wie Albanien, Mazedonien, Montenegro und dem Kosovo in Richtung Westen auf. Später kamen Einwanderer aus nordafrikanischen Ländern wie Eritrea und Äthiopien hinzu, weil die Flucht über das Mittelmeer für sie immer schwieriger wurde und Europa über den Balkan leichter zu erreichen war. Das gemeinsame Ziel aller dieser Wanderungsbewegungen war Zentraleuropa, Nordeuropa und nicht zuletzt die Britischen Inseln, wodurch sicherlich eine maßgebliche Argumentationshilfe für den Austritt Großbritanniens aus der EU geliefert wurde. Aus dieser Lage heraus war auch der Vorwurf entstanden, die lasche Flüchtlingspolitik der damaligen Bundesregierung unter Angela Merkel sei letztendlich für den Austritt Großbritanniens aus der Europäischen Union Ende 2020 maßgeblich mit-, wenn nicht sogar hauptverantwortlich gewesen.

Zu Beginn der Flüchtlingskrise 2011 stand die Ostbalkanroute im Vordergrund. Die Europäische Agentur für die Grenz- und Küstenwache Frontex verzeichnete für 2012 und 2013 auf der Ostbalkanroute 12.000, auf der Westbalkanroute 4.000 Personen, die Richtung Westen wanderten. Diese Zahlen lagen noch weit unter dem Jahr 2015, wurden aber damals schon als alarmierend eingestuft. Daraufhin tagte im November 2014 die erste Westbalkankonferenz mit dem Ziel, die Ostbalkanroute für Flüchtlinge dichtzumachen. Das Vorhaben gelang. Nachdem bereits seit 2012 ein griechischer Grenzzaun zur Türkei bestand, wurde 2014 ein bulgarischer Zaun zur Türkei gezogen.[36] Nach der weitgehenden Schließung der Ostbalkanroute verlagerte sich die Migration von der Türkei auf Routen über die küstennahen griechischen Ägäis-Inseln, die sogenannte östliche Mittelmeerroute. Griechische Inseln wie Lesbos, Samos, Chios und Kos liegen in Sichtweite der türkischen Küste und schienen damit für die Flüchtlinge mit kleinen Booten leicht erreichbar. Viele wagten die Überfahrt, aber nicht alle überleben. Die See ist rau, die Wellen sind hoch, die Winde unberechenbar, die Meeresströmungen tückisch. Immer wieder kenterten Boote, Menschen ertranken. Der Weg ins vermeintliche Paradies Europa wurde somit häufig zur Todesfalle.[37] Wer durchkam, wollte natürlich nicht auf einer der griechischen Inseln verweilen, sondern Kontinentaleuropa erreichen.

Da die humanitäre Situation in den Insellagern katastrophal war, liess Griechenland die Flüchtlinge auf das Festland weiterziehen. Allein in den ersten zehn Monaten des Jahres 2015 reisten fast 700.000 Menschen von Griechenland nach Zentraleuropa. Auch in den Flüchtlingslagern im Libanon, in Jordanien und in der Türkei war die humanitäre Lage Anfang 2015 unerträglich, weshalb die Menschen verständlicherweise weiter nach Europa wollten. Dennoch entstand eines der größten Flüchtlingslager Europas auf der Insel Lesbos in der kleinen Ortschaft Moria; in dem für 2.800 Personen konzipierten Lager lebten zeitweilig 20.000 Menschen. In der Nacht auf den 9. September 2020 ereignete sich ein Großbrand, der das Lager und die Habseligkeiten vieler Flüchtlinge vernichtete. Erst durch diesen von einem der Flüchtlinge selbst gelegten Lagerbrand wurde ein Teil der Insassen – rund 7.800 Menschen – auf das griechische Festland gebracht.[38]

## Exkurs – Frontex: Schutz der Außengrenzen

Voraussetzung für das Funktionieren des Schengener Abkommens, also der Abschaffung der Binnengrenzen im Schengenraum, ist eine funktionierende Außengrenze. Diese Erkenntnis setzte sich seit dem Migrationsbeben 2015 zusehends durch. Auf einem EU-Gipfel im Juni 2018 betonte Angela Merkel, dass eine „wirksame Kontrolle der EU-Außengrenzen" sichergestellt und „die effektive Rückführung irregulärer Migranten deutlich verstärkt" werden müsste. Damit hatte sie wohl recht: 2018 verzeichnete Frontex, die Europäische Agentur für die Grenz- und Küstenwache, immerhin 150.114 illegale Grenzübertritte in die EU. Um entgegenzusteuern, strebte die EU zunächst die Schaffung mehrerer Tausend neuer Frontex-Stellen bis 2020 an. Eigentlich sollten 2020 rund 10.000 Frontex-Beamte ihren Dienst verrichten. Doch daraus wurde nichts, weil Küstenländer wie Italien und Griechenland um ihre Souveränität fürchteten, wenn sie mehr Befugnisse an Frontex abgeben müssten. Nun sieht der Plan vor, Frontex bis 2027 auf bis zu 10.000 Einsatzkräfte auszubauen. Zum Vergleich: Im Jahr 2019 waren lediglich rund 2.000 Beamte bei Frontex im Einsatz. Es geht also um einen massiven Ausbau beim Schutz der EU-Außengrenzen vor illegalen Grenzübertritten.

2020/21 geriet Frontex in die Kritik, Flüchtlingsboote, die beinahe europäischen Boden erreicht hatten, mit völkerrechtswidrigen Pushbacks aufs offene Meer zurückgedrängt zu haben. Die Europäischen Frontex-Grenzbeamten stoppten in der Ägäis Flüchtlingsboote, bevor sie die griechischen Inseln erreichten und übergaben sie an die griechische Küstenwache. Die griechischen Grenzschützer setzten die Geflüchteten anschließend auf dem Meer aus. Hierzu fand im Januar 2021 eine Anhörung vor dem Innenausschuss des deutschen Bundestages statt. Parallel dazu ermittelte die EU-Behörde für Betrugsbekämpfung gegen Frontex.[39]

## Keine Rechtsstaatlichkeit

An Kontrollen, geschweige denn an eine geordnete Rechtsstaatlichkeit, war in den dramatischen Monaten im Jahr 2015 nicht zu denken. So führte Griechenland 2015 überhaupt keine Registrierungen der Flüchtlinge durch. Also weder bei der Ankunft auf den Inseln noch beim Weitertransport auf das Festland, obwohl es sich dabei um einen klaren Verstoß gegen das Schengener Abkommen handelte.

An der griechisch-mazedonischen Grenze versuchten viele Flüchtlinge, Mazedonien zu erreichen. Da indes Mazedonien und Serbien gar nicht der EU angehören, liegt die EU-Außengrenze bei Ungarn (seit 2008 EU-Mitglied) und Kroatien (seit 1. Januar 2014 in der EU) bzw. zwischen Kroatien und Slowenien. So reisten viele Flüchtlinge über Ungarn nach Österreich, bevor Ungarn einen Grenzzaun zu Serbien errichtete und seine Grenzen Ende September 2015 schloß. Das Schicksal der Flüchtenden wurde in weiten Teilen der Öffentlichkeit deutlich, als die Bilder eines kleinen toten Jungen, der an einem türkischen Strand nahe der Touristenhochburg Bodrum angeschwemmt wurde, um die Welt gingen. Der drei Jahre alte Aylan Kurdi überlebte den Versuch, dem Krieg in Syrien zu entkommen, nicht. Gemeinsam mit seiner Familie bestieg er ein Schlepperboot zur griechischen Ferieninsel Kos. Doch das völlig überladene Boot kenterte im hohen Wellengang, die türkische Küstenwache barg insgesamt zwölf Tote. Aylan Kurdi starb zusammen mit seinem fünf Jahre alten Bruder Galip und seiner Mutter Rehan in den Fluten. Nur der Vater Abdullah überlebte. Er schilderte wenige Tage später im oppositionellen syrischen Radiosender Rosana FM in einem Telefoninterview die dramatische Situation: „Ich half meinen beiden Söhnen und meiner Frau und versuchte mehr als eine Stunde lang, mich am gekenterten Boot festzuhalten. Meine Söhne lebten da noch. Mein erster Sohn starb in den Wellen, ich musste ihn loslassen, um den anderen zu retten." Der Vater fügte weinend hinzu, dass trotz seiner Bemühungen auch der andere Sohn gestorben sei.

Als er sich dann um seine Ehefrau habe kümmern wollen, habe er sie tot vorgefunden. „Danach war ich drei Stunden im Wasser, bis die Küstenwache ankam und mich rettete.“

Abdullah Kurdi arbeitete vor dem Krieg in Damaskus als Friseur, bis er angesichts der immer schlimmer werdenden Kämpfe den Entschluss fasste, nach Kanada auszuwandern, weil dort Verwandte lebten. Doch die kanadischen Behörden lehnten den Einreiseantrag ab, weil die Familie Kurdi wegen fehlender Pässe beim Flüchtlingshilfswerk UNHCR nicht als Flüchtlinge registriert war und die türkische Regierung keine Ausreisevisa ausstellte. Also lieh sich der Familienvater Geld und zahlte türkischen Schleppern 4.000 Euro, um nach Griechenland zu gelangen. Eine in Kanada lebende Tante der beiden toten Brüder Aylan und Galip sagte der kanadischen Zeitung *National Post*, dass sie versucht habe, die Familie finanziell zu unterstützen. Freunde und Nachbarn hätten mit Banksicherheiten geholfen. „Aber wir konnten sie aus der Türkei nicht herausholen. Deshalb stiegen sie in dieses Boot.“ Das tragische Ende der beiden Jungs und ihrer Mutter stellte den Schlusspunkt eines gescheiterten Rettungsversuchs dar. Der Vater, und mit ihm rund 42.000 weitere Menschen, wurden allein in den ersten fünf Monaten 2015 aus dem ägäischen Meer gerettet.

Nicht so Aylan Kurdi. Ein Polizist trug den leblosen Körper des Dreijährigen vom Strand. Die türkische Pressefotografin Nilüfer Demir, die das Foto des toten Kindes für die Nachrichtenagentur Dogan aufnahm, sagte, sie sei beim Anblick der Leiche „erstarrt“. Sie wünschte sich, dass mit dem Foto über „die Tragödie dieser Menschen“ nachgedacht werde.

Eine Sprecherin der EU-Grenzschutzagentur Frontex bezeichnet die Entwicklung auf dem Mittelmeer als „besorgniserregend“. Auf Schlauchbooten von zehn und zwölf Metern Länge seien 2014 durchschnittlich 90 Personen untergebracht worden, zuletzt seien es bis zu 160 Personen gewesen. Zudem nehme die Qualität der Schlauchboote – zumeist Importe aus China – weiter ab.[40]

Wie an anderer Stelle in diesem Buch beschrieben verbreitet sich Ende August 2015 die missverständliche Äußerung des Bundesamtes für Migration und Flüchtlinge, dass Flüchtlinge aus Syrien in Deutschland willkommen seien oder jedenfalls auf keinen Fall zurückgeschickt würden, wie ein Lauffeuer unter den Migranten.

Die Bundesrepublik Deutschland wurde im Frühherbst 2015 zu einem Magneten für alle Flüchtlingsströme. Immer mehr Transitländer beförderten die Flüchtlinge mit Bussen, in Taxen oder mit der Eisenbahn Richtung Westen, lediglich der Grenzübertritt hatte weiterhin zu Fuß zu erfolgen. Doch auch dazu wurden Zäune an zahlreichen Grenzabschnitten etwa zwischen Slowenien und Kroatien oder zwischen Mazedonien und Griechenland abgebaut, um einen raschen und reibungslosen Transit nach Deutschland zu ermöglichen. Dauerte die Flucht über die Balkanroute zuvor mehrere Wochen, ging es nunmehr um ein Vielfaches schneller.

## Non-Papers zur Grenzschließung

Um dem ungebremsten Zustrom von Asylanten Einhalt zu gebieten, entwarfen die Spitzenbeamten aus dem Bundesinnenministerium im Herbst 2015 einen Plan. Sie prüften vor allem, welche rechtliche Handhabe existierte, Menschen abzuweisen, die über die Balkanroute und über Österreich nach Deutschland strebten. In einem sogenannten Non-Paper mit dem Titel „Möglichkeit einer Zurückweisung von Schutzsuchenden an deutschen Grenzen“ kamen sie zu dem Schluss, dass durchaus rechtliche Möglichkeiten existieren, die Grenze entlang der Balkanroute zu schließen.[41] Mit dem Begriff „Non-Paper“ wurde ausgedrückt, dass ein solches Geheimpapier niemals an die Öffentlichkeit gelangen sollte. „Die Entscheidung, im Falle eines Asylgesuches an der Grenze – unter Verzicht auf die bis dahin notwendigen Einreisevoraussetzungen wie Erfüllung der Passpflicht und Visum – die Einreise zu gestatten, war nicht rechtlich geboten, sondern politisch gewollt“, urteilte der CDU-Politiker Wolfgang Bosbach über die Verhältnisse im Jahr 2015.

Als die Non-Papers gegen Ende 2018 teilweise publik wurden, kommt es zu Forderungen nach einem parlamentarischen Untersuchungsausschuss.[42] Doch politisch half eine juristische Aufarbeitung der Vergangenheit nicht mehr.

## Viele Wege führen nach Westen

Während Deutschland zum vermeintlichen Flüchtlingsparadies wurde, änderte das zuvor häufig angestrebte Zielland Schweden seine Politik im Herbst 2015 rigoros und liess kaum noch Flüchtlinge ins Land. Am 19. November 2015 wurde bekannt, dass Serbien und Mazedonien sowie das EU-Land Slowenien nur noch Flüchtlinge aus Syrien, Irak und Afghanistan einreisen lassen.

Zwei Tage zuvor vereinbarten Beamte der Innenministerien Sloweniens, Serbiens, Mazedoniens und Griechenlands in Brdo pri Kanju nordwestlich der slowenischen Hauptstadt Ljubljana Maßnahmen zur Verlangsamung, Steuerung und Kontrolle des Migrantenstroms sowie ein einheitliches System zur Identifizierung der Durchreisenden und eine gemeinsame Datenbank.[43] Mazedonien begann zu dieser Zeit mit der Errichtung eines Grenzzauns an seiner Grenze zu Griechenland.[44] Am 8. Februar 2016 begann der Bau eines zweiten Grenzzaunes. Die östlichen EU-Länder Tschechien, Polen, Ungarn und die Slowakei beschlossen am 15. Februar 2016, ebenfalls die Balkanroute stärker gegen Flüchtlinge abzuriegeln. Sie sagten zudem Mazedonien und Bulgarien praktische Unterstützung bei der Grenzsicherung zu.[45] Dieses Vorgehen der Balkanstaaten war von EU-Beschlüssen gedeckt, denen auch die deutsche Bundesregierung zugestimmt hatte.

## Flüchtlingsdeal mit der Türkei

Am 18. März 2016 wurde ein EU-Türkei-Abkommen unterzeichnet – auch als „Flüchtlingsdeal“ oder „Flüchtlingspakt“ bezeichnet – um den Flüchtlingsstrom über die Türkei in die Europäische Union zu stoppen. Im Wesentlichen wurde vereinbart:

Alle neuen „irregulären Migranten“ – das Wort „illegal“ wurde der UNO-Sprachdoktrin folgend zunehmend durch „irregulär“ ersetzt –, die ab dem 20. März 2016 auf den griechischen Inseln ankamen und die kein Asyl beantragten oder deren Antrag als unbegründet oder unzulässig abgelehnt wurde, wurden auf Kosten der Europäischen Union in die Türkei zurückgebracht. Bei der Abschiebung sollten die Bestimmungen des Völkerrechts und des EU-Rechts in vollem Umfang eingehalten werden. Nach Registrierung der Migranten wurden ihre Asylanträge auf Einzelfallbasis bearbeitet; jede Art von Kollektivausweisung wurde ausgeschlossen.

Für jeden Syrer, der von den griechischen Inseln in die Türkei zurückgebracht wurde, sollte ein anderer syrischer Flüchtling aus der Türkei in die EU umgesiedelt werden, lautete die sogenannte 1:1-Neuansiedlungsregelung. Zu der Neuansiedlung von international Schutzsuchenden verpflichteten sich bereits am 20. Juli 2015 mehrere EU-Länder. Die daraus verbliebenen 18.000 Plätze sollten für Neuansiedlungen von Migranten aus der Türkei zur Verfügung gestellt werden. Zusätzlicher Bedarf sollte mit einer ähnlichen freiwilligen Vereinbarung für bis zu 54.000 weitere Personen gedeckt werden.

Die Türkei sollte alle erforderlichen Maßnahmen ergreifen, um neue See- oder Landwege für die irreguläre Migration aus der Türkei in die EU zu verhindern.

Nachdem die unkontrollierten Grenzübertritte zwischen der Türkei und der EU verhindert oder erheblich reduziert wurden, erfolgte eine freiwillige Aufnahme syrischer Flüchtlinge aus humanitären Gründen.

Die Einhaltung des Zeitplans zur Visa-Liberalisierung wurde im Hinblick auf die Aufhebung der Visumspflicht für türkische Bürger bis Ende Juni 2016 angestrebt.

Die EU hat in enger Zusammenarbeit mit der Türkei die Auszahlung der bereits im Aktionsplan vom 30. November 2015 im

Rahmen der „Fazilität für Flüchtlinge in der Türkei“ zugewiesenen drei Milliarden Euro beschleunigt. Mit den Fazilitätsmitteln sollten konkrete Projekte für Flüchtlinge, insbesondere Projekte in den Bereichen Gesundheit, Bildung, Infrastruktur, Lebensmittelversorgung und weitere Lebenshaltungskosten finanziert werden. Sobald dieses Geld vollständig ausgegeben worden war, sollten weitere drei Milliarden Euro bis Ende 2018 fließen. Die Milliardenzahlungen brachten dem „Deal“ den Ruf ein, dic EU wolle sich mit Geld an die Türkei vom Flüchtlingsstrom freikaufen. Der Vorwurf wog umso stärker, als die Türkei zu dieser Zeit schon länger dabei war, sich von rechtsstaatlichen Prinzipien zu verabschieden.

Die EU und die Türkei begrüßten die laufenden Vorbereitungen zur Modernisierung der Zollunion.

Der Beitrittsprozess der Türkei zur Europäischen Union wurde wieder belebt, indem während der niederländischen Präsidentschaft des EU-Rats das Kapitel 33 (Finanzen- und Haushaltsbestimmungen) eröffnet wurde. Die notwendigen vorbereitenden Arbeiten für die Eröffnung weiterer Kapitel sollten beschleunigt fortgesetzt werden. Dieser Aspekt löste scharfe Kritik aus. Der Vorwurf: Die Türkei setzte Europa unter Druck, um die Aufnahme in die EU zu erzwingen oder jedenfalls zu beschleunigen. Das war Wasser auf die Mühlen derjenigen Mahner, die eine Erweiterung der Europäischen Union um die Türkei grundsätzlich ablehnten, weil sie die Türkei einem anderen nicht-europäischen Kulturkreis zurechneten. Die Erweiterung der EU durch die Türkei, während gleichzeitig Großbritannien die Europäische Union verließ, galt vielen als Alarmsignal für eine völlig verkehrte Entwicklung. Letzteres ist Ende

2020 erfolgt, aber für ersteres gibt es auch im Jahr 2022 keine ernsthaften Anzeichen.

Der Türkei wurden für ihre Mitwirkung bei der Abwehr von Asylanten neben den politischen Zugeständnissen also Zahlungen von insgesamt sechs Milliarden Euro in Aussicht gestellt. Das Geld sollte allerdings nicht an die Regierung fließen, sondern direkt in Projekte zur Betreuung und Versorgung von Millionen syrischer Flüchtlinge, die das Land aufnahm. Damit wollte sich die EU einerseits die Flüchtlingsströme vom Leib halten, und andererseits eine gewisse Distanz zum türkischen Staatschef Recep Tayyip Erdoğan signalisieren, dessen antidemokratische Regierungspolitik nach dem gescheiterten Putsch im Sommer 2016 immer stärker zunahm. Vor diesem Hintergrund kürzte die EU auch die Hilfen mit Blick auf einen möglichen EU-Beitritt Ankaras. Pläne, die Zollunion mit dem Land zu modernisieren und Visafreiheit für türkische Bürger zu gewähren, wurden ebenfalls auf Eis gelegt.

Mit mehr als 3,5 Millionen aufgenommenen Syrern ging die Türkei ins Jahr 2019. Die EU sorgte mit hohen Zahlungen dafür, dass die Flüchtlinge nicht in Richtung Westen weitergeschleust wurden, sondern in der Türkei verblieben bis zur Rückführung nach Syrien. Bis Ende 2018 waren etwa 260.000 Syrer in ihre Heimat zurückgekehrt.[46] 2020 unterstützte die EU die Türkei mit weiteren knapp 500 Millionen Euro bei der Bewältigung des anhaltenden Flüchtlingsansturms. Vorausgegangen war eine Drohung des türkischen Präsidenten Erdogan, die Grenze nach Griechenland für Migranten zu öffnen, sollte die EU keine Nachzahlungen leisten. Zu diesem Zeitpunkt lebten in der Türkei rund 3,6 Millionen aus Syrien Geflüchtete. Über die

Aussichten für die 2020er Jahre sagte der zuständige EU-Kommissar für Krisenmanagement, Janez Lenarcic: „Solange der humanitäre Bedarf fortbesteht, wird die EU die Flüchtlinge in der Türkei unterstützen“.

## Hoher Profit mit null Risiko

Schon Anfang Februar 2017 stellte ein Sprecher des Bundesinnenministeriums fest, die illegale Migration über den Westbalkan sei zwar deutlich reduziert worden, halte aber an. „Die westliche Balkanroute ist nicht geschlossen – auch wenn die Grenzen viel besser geschützt sind als vor einem Jahr“, wurde Robert Crepinko, der Leiter des Anti-Schmuggler Zentrums (EMSC) von Europol, deutlicher.[47] Ungeachtet verstärkter Grenzkontrollen könnten Migranten aus Sicht der EU-Strafverfolgungsbehörde Europol weiterhin mithilfe von Schleppern ihr Zielland in Europa erreichen.

Die Gewinner der Politik waren vor allem die Schlepper und Schleuser. Der Menschenschmuggel blühte, nachdem die organisierte Kriminalität das neue lukrative Betätigungsfeld entdeckte. Nach Schätzungen von Europol bedienten sich mehr als 90 Prozent der Migranten der Hilfe von Schleusern. Die Preise auf der Balkanroute stiegen aufgrund der Hürden, während sie auf der zentralen Mittelmeerroute von Libyen oder Ägypten nach Italien leicht sanken. Die zentrale Mittelmeerroute ist für Schmuggler eine „Operation mit hohem Profit und null Risiko“, berichtete eine Sprecherin von Frontex Anfang 2017.[48]

Die Zahlen sprechen eine klare Sprache. 2014 erhöhte sich die Zahl der Asylbewerber in Europa auf rund 627.000, 2015 verdoppelte sie sich beinahe auf 1,3 Millionen Menschen. 2016 stieg sie nochmals auf 1,26 Millionen, während sie infolge der Schließung der Balkanroute und dem neuen EU-Türkeiabkommen vom 18. März 2016 sowie weiterer Maßnahmen 2017 auf rund 650.000 Menschen zurückging. Allerdings eröffneten sich im wortwörtlichen Sinne neue Wege für die Migration.

## Neue Balkanroute

Seit 2017 entwickelte sich eine neue Balkanroute über Bosnien-Herzegowina. Der neue Fluchtweg führte nach Angaben des UNO-Flüchtlingshilfswerk UNHCR über den türkischen Grenzfluss Evros nach Griechenland, Albanien und Montenegro bis nach Bosnien.[49]

Das Bundesinnenministerium nannte Bosnien-Herzegowina im Juni 2018 einen „Brennpunkt illegaler Migration". Die Zahl der unerlaubten Einreisen habe sich gegenüber dem Vorjahr verzwölffacht. Die Grenzpolizei registrierte „täglich 100 bis 150 Migranten bei der unerlaubten Einreise", hieß es in einem Bericht des Ministeriums.

Die Zahlen nach Angaben von UNHCR im Vergleich: 2017 reisten 755 über Bosnien-Herzegowina ein, bis 20. Mai 2018 waren es bereits 4.373 Menschen. In den nordbosnischen Städten Bihac und Velika Kladusa warteten laut UNHCR etwa 1.000 Flüchtlinge auf ihre Weiterreise über Kroatien und Slowenien.

## Gefährliche Überfahrt

In den ersten zehn Monaten 2018 kamen mehr als 100.000 Migranten über das Mittelmeer nach Europa. Es war das fünfte Jahr in Folge mit über 100.000 illegalen Einwanderern allein über diese Route. Zum Vergleich: Im Gesamtjahr 2013, also vor oder zu Beginn der zweiten Asylkrise, fanden lediglich rund 89.000 Migranten auf diesem Weg nach Europa. Schon 2014 verdreifachten sich die Ankünfte über das Mittelmeer auf 251.519. Im Jahr 2015 kam es zu einer Vervierfachung auf 1,017 Millionen Migranten. Danach gingen die Zahlen zurück auf 66.849 in 2016 und 177.913 in 2017. Und noch eine Zahl, die in anderer Hinsicht erschreckend ist: In dieser Zeitspanne verloren rund 2.000 Menschen ihr Leben bei dem Versuch, Europa per Schiff zu erreichen.

In der Zeit von 2013 bis 2018 nahm Deutschland übrigens beinahe so viele Asylbewerber auf, wie insgesamt an der Mittelmeerküste ankamen. In diesem Zeitraum kamen rund zwei Millionen Migranten in Griechenland, Italien, Spanien, Zypern und Malta an, in etwa ebenso viele Asylanträge wurden in derselben Zeitspanne in Deutschland gestellt.[50] 2019 wurden in Deutschland knapp 166.00 und 2020 rund 122.00 Asylanträge gestellt.[51] Dieser Rückgang war allerdings vor dem Angriff Russlands auf die Ukraine zu verzeichnen. Anfang 2022 bereiteten sich die Länder Mitteleuropas auf eine erneute Flüchtlingsewelle vor. Man rechnete mit Hunderttausenden oder gar Millionen Flüchtlingen. „Wir sind sehr wachsam und auf alle möglichen Szenarien vorbereitet", sagte die deutsche Bundesinnenministerin Nancy Faeser im Februar 2022. Dabei waren auch die Auwirkungen der Sekundärmigration zu berücksichtigen.

## Trend zur Sekundärmigration

Seit 2020 nimmt die sogenannte Sekundärmigration in der EU zu. Und das geht so: Die Flüchtlinge lassen sich zunächst in ihrem Ankunftsland – beispielweise Griechenland – anerkennen und wechseln im nächsten Schritt in ein EU-Land, das ihnen attraktiver erscheint, zum Beispiel Deutschland.

Anerkannte Flüchtlinge reisten in großem Umfang legal aus Griechenland ein und beantragten erneut Schutz. Laut Bundespolizei flogen viele Flüchtlinge direkt nach Deutschland. Allein in den ersten beiden Monaten 2021 stellen etwa 2.100 Personen Asylanträge beim Bundesamt für Migration und Flüchtlinge, die längst in Griechenland den Status der Schutzberechtigung erhalten hatten. Sie reisten dazu nach Deutschland ein und blieben in der Regel auch gleich im Land – unabhängig vom Ausgang ihres Verfahrens. Insbesondere an Samstagen waren regelmäßig Reisegruppen von Athen nach Warschau mit dem Flugzeug unterwegs, um dann von der polnischen Hauptstadt nach Deutschland zu kommen. Insgesamt reisten rund 7.100 in Griechenland anerkannte Flüchtlinge 2020 nach Deutschland ein, ließ das Bamf verlaufen. Ihre Anträge wurden nicht bearbeitet, aber zurückgebracht wurden sie auch nicht. Nach Griechenland abgeschoben werden konnten sie nicht, weil ihnen – so ein Urteil des nordrhein-westfälischen Oberverwaltungsgerichts im Januar 2021 – dort (also in Griechenland) „die ernsthafte Gefahr einer unmenschlichen und erniedrigenden Behandlung“ drohte. Eine „beträchtliche Zahl“

Schutzberechtigter sei dort obdachlos. Auch fänden Flüchtlinge nur schwer Arbeit.

Die Bundespolizei teilte dazu mit: „Durch diese Gerichtsentscheidung ist ein erheblicher neuer Pull-Faktor entstanden." Die Information „dürfte sich auch bei weiteren Flüchtlingen und Migranten in Griechenland in naher Zukunft verbreiten". Schon wegen der „in Griechenland für Schutzberechtigte bestehenden Lebensbedingungen" stufte die Bundespolizei die „Sekundärmigration" nach Deutschland „in der Tendenz zunehmend" ein.[52]

Die Weiterreise der Flüchtlinge von Griechenland nach Deutschland ist 2022 immer noch legal. Allerdings dürften sie sich laut Gesetzeslage nicht länger als ein Vierteljahr pro Halbjahr in Deutschland aufhalten. Tatsächlich kehren sie jedoch nie mehr zurück. Doch wer wollte solche kleinen Verstöße schon groß ahnden.

## Der Bamf-Skandal

Angesichts des Ansturms von Anträgen auf das Bundesamt für Migration und Flüchtlinge (Bamf) ab 2015 war es kaum verwunderlich, dass es in der Behörde zu Fehlleistungen kam. Die Außenstelle in Bremen stand beispielhaft hierfür. So kam eine Untersuchung der Innenrevision des Bamf im Herbst 2018 zu dem Ergebnis, dass seit 11. Juli 2014 insgesamt 17 Warnungen beim Amt eingegangen waren, die auf gravierende Missstände innerhalb der Bremer Behördenniederlassung hinwiesen.

Das Bundesamt für Migration und Flüchtlinge (Bamf) hatte Tausende, vielleicht sogar Hunderttausende, auf jeden Fall sehr viele Pseudoflüchtlinge gesetzwidrig nach Deutschland eingeschleust. Darunter befanden sich zuhauf Kriminelle, gewaltbereite Muslime, sicherlich auch Attentäter und Terroristen. Der „Islamische Staat“ nutzt die Quasi-Durchlässigkeit der deutschen Grenzen gezielt aus, um Heilige Krieger einzuschleusen, die Deutschland hochbomben werden. Die sicherlich zu erwartenden Opfer unter der deutschen Bevölkerung gehen auf das Konto von Bundeskanzlerin Angela Merkel, weil sie das Gesetz missachtend die Grenzen offenhält.

So lässt sich die weitgehend faktenfreie – aber dafür umso stärker die Ängste der Bevölkerung bedienende – Argumentation zusammenfassen.

Als sich im Frühjahr 2018 ein großflächiger Bestechungsskandal im Bamf anbahnte, schien die Faktenlage für genau diese Argumentationslinie gegeben. In der Bremer Außenstelle des Bundesamtes für Migration und Flüchtlinge sollten etwa 1.200 Asylanträge anerkannt worden sein – und zwar ohne rechtliche Grundlage. Die damalige Leiterin der Außenstelle, Ulrike B., soll mit den beiden Rechtsanwälten Irfan C. und Cahlt T. rechtswidrig zusammengearbeitet haben, die ihr Flüchtlinge – überwiegend aus Niedersachsen und Nordrhein-Westfalen – offenbar systematisch zuführten.

Alle 1.371 Fälle der beiden Anwälte, die in Bremen entschieden wurden, wurden kurzfristig überprüft. Das Ergebnis: 550 Verfahren waren „nicht rechtskonform“ abgelaufen. Die Beschuldigten bestritten die Vorwürfe. Zunächst war auch unklar, welche Motivation die Beteiligten für die Bewilligung der Asylanträge ohne rechtliche Prüfung hatten, aber sehr schnell war von Bestechungsgeldern die Rede. Nicht zuletzt, weil es ein naheliegendes Motiv darstellt. Schließlich ermittelte die Bremer Staatsanwaltschaft wegen Bestechung, Bestechlichkeit und bandenmäßiger Verleitung zur missbräuchlichen Asylantragstellung gegen Irfan C., Cahlt T. und Ulrike B. sowie einen Dolmetscher.

Der mutmaßliche Skandal blieb nicht auf Bremen begrenzt, sondern schlug bundesweit Wellen. Die damalige Bundeskanzlerin Angela Merkel soll demnach frühzeitig von den Problemen beim Bamf gewusst haben, der Ruf nach einem Untersuchungsausschuss im Bundestag wurde laut.[53]

## Skandal – Skandälchen – gar nichts

Die Bamf-Präsidentin Jutta Cordt sah sich gezwungen, alle positiven Asylbescheide der Bremer Außenstelle ab dem Jahr 2000 nochmals überprüfen zu lassen, nach ihren Angaben rund 18.000 Fälle. Diese Prüfung dauerte etwa drei Monate. Das Ergebnis lässt sich mit wenigen Worten zusammenfassen: An dem Skandal war etwas dran, aber längst nicht so viel, wie die Berichterstattung zuvor glauben machen wollte. Das interessierte allerdings zu dieser Zeit im Spätsommer 2018 kaum noch jemanden. Das Kind war längst in den Brunnen gefallen, der vermeintliche Bamf-Skandal musste als „Beweis“ dafür herhalten, dass Deutschland von gewalttätigen Flüchtlingen überrannt und von Terroristen unterwandert worden war, worüber uns die Politik im Unklaren ließ, uns darüber sogar gezielt belog.

Die Faktenlage sprach zwar keine völlig andere, aber doch eine differenziertere Sprache. Bis Sommer 2018 wurden gerade einmal 33 Asylbescheide im Zuge der Überprüfung widerrufen, aufgehoben oder entsprechenden Verfahren zugeführt, wie die Antwort der Bundesregierung auf eine entsprechende Frage der Linksfraktion im Bundestag im Juli 2018 offenbarte. Ein Asylbescheid wird zurückgenommen, wenn sich herausstellt, dass falsche Angaben gemacht oder dabei wichtige Informationen verschwiegen wurden. Ein Widerruf wird ausgesprochen, wenn die Voraussetzungen für den Schutz nicht vorliegen.

Ein Mitarbeiter der Bremer Außenstelle sagte dazu aus: „Oft wurden die Fingerabdrücke nicht genommen, das wurde tunlichst vermieden.“ Damit sei in zahlreichen Fällen die Rücküberstellung des Asylbewerbers in ein EU-Land, in dem dieser bereits registriert worden war, verhindert worden. Ärger gab es auch wegen eines rumänischen Staatsbürgers mit arabischen Wurzeln, der in Bremen als ein vermeintlich syrischer Flüchtling Schutz erhielt. Das Beispiel zeigte die Schwierigkeiten der Behörde auf, falsche Angaben aufzudecken, und legte zudem nahe, dass die Bamf-Mitarbeiter zu gutgläubig sind und im Zweifel „einfach so“ Asyl gewähren.

Am 31. August 2018 legte die interne „Prüfgruppe Bremen“ ihre Ergebnisse aus der Überprüfung von 13.000 Akten zu 18.347 Männern, Frauen und Kindern vor, die seit 2006 in der Bremer Außenstelle positive Bescheide erhalten hatten. Demnach waren über 2.000 Fälle mangelhaft, in 145 Fällen ergab die Prüfung „bewusst manipulative Einflussnahmen“ auf die Asylentscheidungen, etwa weil „Anhaltspunkte für Identitätstäuschung ignoriert werden“. Allerdings fanden die Prüfer nur in 165 Fällen ein „grobes Hinwegsetzen über Vorgaben“, also beispielsweise eine unterlassene Sicherheitsüberprüfung.

Im Fazit lässt sich feststellen: In lediglich 0,7 Prozent aller untersuchten Asylentscheidungen machte das Bamf einen Rückzieher. Bei einer im ersten Halbjahr 2018 durchgeführten Überprüfung von mehr als 43.000 abgeschlossenen Verfahren wurde der zuvor schon gewährte Schutzstatus nur in 307 Fällen wieder entzogen. 307 Fälle zu viel, sagten die einen, eine vernachlässigbar geringe Fehlerquote, die anderen. Ende 2020 wies das Landgericht Bremen die Anklagen der Staatsanwaltschaft gegen die ehemalige Leiterin und die beschuldigten Anwälte wegen des vermeintlichen Bamf-Skandals mit klaren Worten zurück. Die Richter wurden dabei ungewöhnlich deutlich: Viele Annahmen sind demnach „gänzlich fernliegend“, andere „von vornherein denklogisch ausgeschlossen“, viele „strafrechtlich nicht relevant“.[54] Vom dem vermeintlichen Skandal war also 2020 nichts übriggeblieben. Ganz im Gegenteil liefen 2021 sogar Ermittlungen gegen die ehemalige Sonderkommission, die im „Bamf-Skandal“ tätig war.[55]

## Syrischer Oberleutnant

Doch in der Öffentlichkeit waren es vor allem die Einzelfälle, die immer wieder für Kopfschütteln sorgen. Dazu gehörte der Fall des rechtsextremen Franco A.: Einem deutschen Bundeswehrsoldaten im Range eines Oberleutnants wurde als angeblichem syrischen Flüchtling Asyl gewährt. Der Berufssoldat diente im Jägerbataillon 291 in der deutsch-französischen Brigade und war im französischen Illkirch bei Straßburg stationiert, als er von den Behörden in Hessen als Asylant akzeptiert und in

Bayern untergebracht wurde. Deutschland schien sich in diesen Tagen zu einem Absurdistan zu verwandeln. Es war unbegreiflich, wie es Franco A., der kaum ein Wort arabisch sprach, schaffte, als Asylbewerber in Deutschland anerkannt zu werden.[56]

„Ich konnte es erst gar nicht glauben“, gestand Christian Gramm, der Chef des Militärischen Abschirmdienstes (MAD) im Jahre 2017. Es waren übrigens österreichische Behörden, die den Berufssoldaten mit einem Doppelleben als Flüchtling im Februar 2017 am Wiener Flughafen fassten, als er eine Waffe samt Munition abholen wollte. Die Bundesanwaltschaft ging davon aus, dass Franco A. mit dieser und weiteren Waffen aus Bundeswehrbeständen Anschläge auf „das Leben hochrangiger Politiker und Personen des öffentlichen Lebens“ plante, die er für besonders „flüchtlingsfreundlich“ hielt. Auf seiner Liste befanden sich der damalige Justizminister Heiko Maas und die Bundestagsvizepräsidentin Claudia Roth. Diese Anschläge wollte Franco A. augenscheinlich seiner Identität als syrischer Flüchtling zurechnen lassen, um den Eindruck zu erwecken, ein in Deutschland aufgenommener Syrer wolle die bundesdeutsche Politprominenz umbringen. 2019 wurde die Anklage gegen Franco A. wegen „Vorbereitung einer schweren staatsgefährdenden Gewalttat“ zugelassen, 2021 startete der Prozess, die sich bis ins Jahr 2022 hinzog.[57]

## Illegale Migration deutlich unterschätzt

Etwa 460 Menschen stellten gemäß einem Bericht der EU-Kommission im Jahre 2018 täglich einen Asylantrag in der Bundesrepublik Deutschland.[58] Der Ansturm war aber deutlich größer, als die offizielle Statistik glauben macht ließ, fördert ein interner Bericht der EU-Kommission zutage, der im Spätsommer 2018 an die Öffentlichkeit gelangte. Das EU-Papier ging davon aus, dass das Ausmaß der illegalen Migration deutlich unterschätzt wrrd – und dies war der Bundesregierung sehr wohl bekannt. Wörtlich hieß es in dem Bericht der EU-Kommission: „Deutschland nimmt an, dass die tatsächlichen Zahlen zur irregulären Migration höher sind als jene, die durch die vorliegcndcn Daten dargestellt werden."

Das Bundesinnenministerium drückte sich um eine Antwort weitgehend herum. In der Tat ließen Erkenntnisse der Polizei den Schluss zu, „dass illegale Migration nach Deutschland zum Teil auch im sogenannten Dunkelfeld erfolgt". Aussagen über die Größenordnung seien allerdings „seriös nicht möglich".

Bis Anfang Oktober 2018 lagen 124.405 Erstanträge auf Asyl beim Bamf vor. Wie viele „einfach so" nach Deutschland gekommen sind, ohne jemals ein Formular auszufüllen, bleibt bis heute ungeklärt. Dabei ist der Missbrauch oder das Fälschen von Dokumenten noch gar nicht berücksichtigt. Beides spielte nach Mitteilung des Bundesinnenministeriums „eine beträchtliche Rolle".

## Bamf: Asylanten ohne Asylgrund

Rückschauend sagte der Präsident des Bundesamts für Migration und Flüchtlinge, Hans-Eckhard Sommer, über das Jahr 2018: „Wir haben im vergangenen Jahr 162.000 Asylanträge registriert. Das ist vergleichbar mit einer Großstadt, die jährlich zu uns kommt." Er sagte, dass „zu viele Menschen ohne

Asylgrund“ einreisen“. Mehr als die Hälfte, genau 54 Prozent, legten keine Ausweispapiere vor, etwa ein Drittel davon kam mit dem Flugzeug. Lediglich 35 Prozent erhielten einen Schutzstatus. Sommers Fazit: „Wir sehen also ganz deutlich, dass viele Menschen hierherkommen, ohne einen Asylgrund zu haben.“[59]

# Asylrecht im Wandel

Das Recht auf politisches Asyl hat in Deutschland keineswegs eine Jahrhunderte alte Tradition, wie uns die moderne Politik gerne glauben machen will, ganz im Gegenteil. So gab es im 19. Jahrhundert in Deutschland gerade kein verbrieftes Recht auf politisches Asyl. Die Fürsten der deutschen Staaten hatten zu dieser Zeit vielmehr ein großes Interesse daran, geflüchtete Aktivisten gegen die Monarchie, für Demokratie, Meinungs- und Pressefreiheit oder eine republikanische Verfassung aus anderen deutschen Staaten ausgeliefert zu bekommen. So wurde zwischen den Staaten des Deutschen Bundes bereits 1834 die Auslieferung politischer Straftäter vereinbart, während eine entsprechende Vereinbarung für gewöhnliche Verbrechen erst 1854 erfolgte.

Auch mit anderen Staaten – wie beispielsweise Russland – wurden noch in den 1880er Jahren Auslieferungsverträge zu politischen Straftaten abgeschlossen. Halten wir fest: Deutschland hat keine Asyltradition, sondern verfolgte lange Zeit eine völlig gegenteilige Politik der Auslieferung von politisch unliebsamen Personen. Damit spielte Deutschland eine Sonderrolle in Westeuropa: In vielen anderen westeuropäischen Ländern wurde das Auslieferungsverbot bei politischen Straftaten bereits im 19. Jahrhundert zum Standard. Belgien schwang sich 1833 zum Vorreiter beim politischen Asyl auf. Inwiefern sich hieraus ein bis heute anhaltendes schlechtes Gewissen entwickelt hat, das die Aufnahme von Asylsuchenden in Deutschland geradezu zu einer moralischen Pflicht erklärt, mögen die Historiker entscheiden.

In Deutschland wurde erst 1929 mit dem Deutschen Auslieferungsgesetz eine rechtliche Grundlage hergestellt, die eine Auslieferung bei klaren politischen Umständen von Straftaten untersagte. Gleichzeitig wurde die Entscheidung darüber von den Polizeibehörden auf ordentliche Gerichte übertragen. Allerdings war damit noch kein Anrecht auf Aufnahme in Deutschland und kein Schutz vor anderweitiger Abschiebung verbunden. Einen generellen Schutz politischer Flüchtlinge vor Ausweisung oder Zurückweisung an der Grenze und damit ein positives individuelles Recht auf Asyl brachte erst die preußische Ausländer-Polizeiverordnung von 1932 kurz vor der Machtübernahme der Nationalsozialisten.[60]

## Genfer Flüchtlingskonvention

Seinen „Durchbruch“ erlebt der Gedanke, Menschen in einem anderen Land aufzunehmen, die aus ihrer Heimat flüchten müssen, da sie in höchster Not um Leib und Leben fürchten, durch die Gräueltaten im Zweiten Weltkrieg. Die Flüchtlingsströme aus den faschistischen und kommunistischen Diktaturen vor und während des Krieges führten dazu, dass in der Nachkriegszeit ein Recht auf Asyl geschaffen wurde, das erstmals 1948 in der Menschenrechtserklärung der Vereinten Nationen festgeschrieben wurde.

Bereits Anfang des 20. Jahrhunderts begann der Völkerbund, also die Vorgängerorganisation der Vereinten Nationen, mit der Entwicklung einer international gültigen Rechtsgrundlage zum

Schutz von Flüchtlingen. Das „Abkommen über die Rechtsstellung der Flüchtlinge“ – wie der eigentliche Titel der Genfer Flüchtlingskonvention (GFK) lautete – wurde allerdings erst am 28. Juli 1951 verabschiedet. Bis heute gilt die GFK als das wichtigste internationale Dokument für den Flüchtlingsschutz.

Die Konvention legt klar fest, wer ein Flüchtling ist, welchen rechtlichen Schutz, welche Hilfe und welche sozialen Rechte sie oder er von den Unterzeichnerstaaten erhalten soll. Aber sie definiert auch die Pflichten, die ein Flüchtling dem Gastland gegenüber erfüllen muss und schließt bestimmte Gruppen wie zum Beispiel Kriegsverbrecher vom Flüchtlingsstatus aus.

War die Genfer Flüchtlingskonvention zunächst darauf beschränkt, hauptsächlich europäische Flüchtlinge direkt nach dem Zweiten Weltkrieg zu schützen, wurde der Wirkungsbereich der Konvention mit dem Protokoll von 1967 sowohl zeitlich als auch geografisch erweitert.[61]

Insgesamt 148 Staaten sind bis heute der Genfer Flüchtlingskonvention unter dem Protokoll vom 31. Januar 1967 beigetreten, darunter auch Deutschland. In allen anderen Ländern ist der Schutz von Flüchtlingen nicht sichergestellt. Flüchtlinge erhalten in diesen Staaten häufig keinen adäquaten Aufenthaltsstatus, werden nur vorübergehend geduldet oder sind in geschlossenen Flüchtlingslagern untergebracht und dort Bedrohungen ihrer grundlegenden Menschenrechte ausgesetzt. In vielen Fällen haben sie keinen Zugang zu wichtigen – in der Genfer Flüchtlingskonvention verbürgten – Rechten, wie beispielsweise der Zugang zu medizinischer Versorgung, Bildung und Sozialleistungen.

## Grundrecht auf Asyl

In Deutschland wurde das politische Asylrecht 1949 im Grundgesetz für die Bundesrepublik Deutschland und in der Verfassung der DDR festgeschrieben. Das zunächst schrankenlos gewährte Asylrecht wurde allerdings nach der Wiedervereinigung der beiden deutschen Staaten 1993 und 2015 in wesentlichen Punkten überarbeitet und eingeschränkt.[62]

Im ersten Entwurf des Artikels, der das Asylrecht im Grundgesetz für die Bundesrepublik Deutschland garantiert, sollte dieses nur für Deutsche gelten, die wegen „Eintretens für Freiheit, Demokratie, soziale Gerechtigkeit oder Weltfrieden" im Ausland verfolgt werden. Der Schutz von Deutschen, die sich für eine gute Sache einsetzen, war also der Grundgedanke. Ein Asylrecht für alle politischen Flüchtlinge der Welt galt zu diesem Zeitpunkt als „zu weitgehend", weil dies „möglicherweise die Verpflichtung zur Aufnahme, Versorgung usw. in sich schließt" und daher für die Bundesrepublik nicht finanzierbar wäre.

Wir haben es den beiden Rechtswissenschaftlern und Politikern Carlo Schmid und Hermann von Mangoldt zu verdanken, dass die heutige Formulierung, die das Asylrecht im Grundgesetz allen politischen Flüchtlingen der Welt garantiert, schließlich zum Tragen kam. „Politisch Verfolgte genießen Asylrecht" hieß es schließlich in der finalen Fassung des Grundgesetzes von 1949. Der Satz scheint an Klarheit nicht zu überbieten – oder doch nicht? Eine Definition, wer politisch verfolgt ist, findet sich im Grundgesetz nicht. Erst durch höchstrichterliche Urteile und die Definition der Genfer Flüchtlingskonvention wurde der Begriff der „politischen Verfolgung" konkretisiert: Sie muss von einem Staat ausgehen und die Menschenwürde der betroffenen Person schwerwiegend verletzen. Allgemeine Notsituationen wie Armut, Bürgerkrieg oder Naturkatastrophen und die Verfolgung durch nicht-staatliche Akteure wie Bürgerkriegsparteien begründen ausdrücklich keinen Anspruch auf Asyl. In der DDR-Verfassung von 1968 wurde das Asylrecht übrigens in eine Kann-Bestimmung umgewandelt und war damit kein individuelles Recht mehr, sondern ein Gnadenakt des Staates.

1949 schien die „Flüchtlingsfrage“ für die Bundesrepublik Deutschland zum damaligen Zeitpunkt erledigt. Die jährliche Zahl der Asylbewerber blieb in den ersten Jahrzehnten nach dem Zweiten Weltkrieg vergleichsweise klein. Bis 1976 waren es maximal 16.410 pro Jahr.

Eine tagespolitische Aktualität war bis in die 1980er Jahre hinein nicht absehbar. Das Asylrecht wurde im Kalten Krieg beinahe ausschließlich für Flüchtlinge aus dem sogenannten Ostblock – Russland und seine Vasallenstaaten – angewandt, von denen im Durchschnitt jährlich 2.000 bis 3.000 in die Bundesrepublik kamen und einen Antrag auf Asyl stellten. Die Anerkennungsquote lag bei nahezu 80 Prozent. Die Menschen, denen die Flucht aus dem Ostblock gelang, galten nicht selten gewissermaßen als Helden.

Dieser Trend änderte sich erst nach einem sprunghaften Anstieg der Asylbewerber in den späten 1980er und frühen 1990er Jahren. Das hatte einen einfachen Grund: Der zwischen 1945 und 1968 gebildete Ostblock begann ab 1985 zu zerbröckeln und brach schließlich ganz zusammen. Die Menschen, die hinter dem Eisernen Vorhang festgehalten wurden, nutzen die Öffnung und strebten in Scharen in den Westen.[63]

## Der polnische Papst

Alles begann mit der Amtseinsetzung des polnischen Papstes Johannes Paul II. im Jahr 1978. Michail Gorbatschow, der im März 1985 zum Generalsekretär der Kommunistischen Partei der Sowjetunion (KPdSU) aufstieg, schrieb in seinen 1992 erschienenen Memoiren: „Alles, was in den letzten Jahren in Osteuropa geschehen ist, wäre ohne diesen Papst nicht möglich gewesen." Gorbatschow änderte binnen weniger Jahre alles. Er startete ein Programm des Umbaus (Perestroika) und gestand den „sozialistischen Bruderländern" ein weitgehendes Selbstbestimmungsrecht zu. Während sich einige Staaten bis 1989 zunehmend aus dem Ostblock lösten, versuchte die Staatsführung der DDR erfolglos, diesen noch zusammenzuhalten.

Andere osteuropäische Länder lockerten den Eisernen Vorhang. Ungarn baute ab 2. Mai 1989 die Grenzanlagen zu Österreich ab und löste damit die für den Ostblock historische „Krise des Herbstes 1989" aus. Am 19. August 1989 gelangten 661 Ostdeutsche durch den Eisernen Vorhang über die Grenze von Ungarn nach Österreich. Es war die größte Fluchtbewegung von Ostdeutschen seit dem Bau der Berliner Mauer. Die Medien berichteten und lösten damit weitere Grenzüberquerungen und schließlich eine Massenflucht ohne Eingreifen der Sowjetunion aus. Am 30. September 1989 erreichte der damalige Bundesaußenminister Hans-Dietrich Genscher nach Verhandlungen mit dem sowjetischen Außenminister Eduard Schewardnadse, dass Tausende auf das Gelände der Prager Botschaft geflüchtete Ostdeutsche mit Sonderzügen per Umweg durch die DDR in den Westen ausreisen durften. Der Ostblock zerfiel. Die Union warnte vor 50 Millionen „Asylanten", die nach Deutschland kommen könnten; die Panikmache mit der „Überfremdung" war keine Erfindung aus dem Jahre 2015, sondern fand ihre Wurzeln bereits in den 1980er Jahren.[64]

Für Deutschland bedeutete dies, dass die Zahl der Asylbewerber zu Beginn der 1990er Jahre massiv anstieg. Waren es 1989 noch 120.000 Menschen, die um Asyl baten, zählten die deutschen Behörden im Jahr 1992 knapp 440.000 Asylbewerber, fast doppelt so viele wie im Jahr zuvor. Eine schon in den Jahren zuvor aufgekommene tiefsitzende Furcht vor der „Überflutung" Europas und vor allem Deutschlands durch Millionen von Flüchtlingen aus der Sowjetunion und ihren Trabanten machte sich breit. Zwar wurden nur rund 4,3 Prozent der Anträge überhaupt anerkannt, aber für die Staaten entstand dennoch eine große Herausforderung, die ankommenden Menschen aufzunehmen.

In dieser Zeit häuften sich rassistische Anschläge. Dabei standen die Vorfälle in Mölln und Rostock-Lichtenhagen beispielhaft für ein ausländerfeindliches Aufbegehren in der Bevölkerung. Politiker und Medien führten dies auf die ungewohnt hohe Zahl von Asylbewerbern zurück. Die Forderung nach einer Einschränkung des Asylrechts machte sich in der öffentlichen Debatte breit. Unter diesem Druck verständigten sich Vertreter von Union, SPD und FDP im Dezember 1992 auf eine Neuregelung des Asylrechts. Das Ziel: Die Verfahren sollten beschleunigt und ein „Asylmissbrauch" verhindert werden. Dazu sollte der ursprünglich schrankenlose Satz in Artikel 16

Grundgesetz gestrichen und durch einen Artikel 16a ersetzt werden.[65]

## Asylkompromiss mit Protesten

Die Abstimmung über den sogenannten „Asylkompromiss" im Bundestag am 26. Mai 1993 wurde von heftigen Protesten begleitet. Rund 10.000 Demonstranten legten das Bonner Regierungsviertel lahm. Am Ende stimmten 521 Bundestagsabgeordnete für die Gesetzesänderung, 132 dagegen. Die zur Grundgesetzänderung nötige Zweidrittelmehrheit kam zustande. Nur drei Tage später, am 29. Mai 1993, starben fünf Menschen türkischer Abstammung bei einem rechtsradikalen Brandanschlag in Solingen. Es war keine Asylbewerber, aber das war dem fremdenfeindlichen Mob schon damals egal.

Mit der Neuregelung im Jahr 1993 wurde das bis dahin schrankenlos gewährte Asylgrundrecht aus Artikel 16 Absatz 2 Satz 2 Grundgesetz (GG) herausgenommen und nach Artikel 16a Absatz 1 GG übertragen. Im neuen Artikel fanden sich massive Einschränkungen.[66] Wörtlich heißt es:

(1) Politisch Verfolgte genießen Asylrecht.

(2) Auf Absatz 1 kann sich nicht berufen, wer aus einem Mitgliedstaat der Europäischen Gemeinschaften oder aus einem anderen Drittstaat einreist, in dem die Anwendung des Abkommens über die Rechtsstellung der Flüchtlinge und der Konvention zum Schutze der Menschenrechte und Grundfreiheiten sichergestellt ist. Die Staaten außerhalb der Europäischen Gemeinschaften, auf die die Voraussetzungen des Satzes 1 zutreffen, werden durch Gesetz, das der Zustimmung des Bundesra-

tes bedarf, bestimmt. In den Fällen des Satzes 1 können aufenthaltsbeendende Maßnahmen unabhängig von einem hiergegen eingelegten Rechtsbehelf vollzogen werden.

(3) Durch Gesetz, das der Zustimmung des Bundesrates bedarf, können Staaten bestimmt werden, bei denen aufgrund der Rechtslage, der Rechtsanwendung und der allgemeinen politischen Verhältnisse gewährleistet erscheint, dass dort weder politische Verfolgung noch unmenschliche oder erniedrigende Bestrafung oder Behandlung stattfindet. Es wird vermutet, dass ein Ausländer aus einem solchen Staat nicht verfolgt wird, solange er nicht Tatsachen vorträgt, die die Annahme begründen, dass er entgegen dieser Vermutung politisch verfolgt wird.

(4) Die Vollziehung aufenthaltsbeendender Maßnahmen wird in den Fällen des Absatzes 3 und in anderen Fällen, die offensichtlich unbegründet sind oder als offensichtlich unbegründet gelten, durch das Gericht nur ausgesetzt, wenn ernstliche Zweifel an der Rechtmäßigkeit der Maßnahme bestehen; der Prüfungsumfang kann eingeschränkt werden und verspätetes Vorbringen unberücksichtigt bleiben. Das Nähere ist durch Gesetz zu bestimmen.

(5) Die Absätze 1 bis 4 stehen völkerrechtlichen Verträgen von Mitgliedstaaten der Europäischen Gemeinschaften untereinander und mit dritten Staaten nicht entgegen, die unter Beachtung der Verpflichtungen aus dem Abkommen über die Rechtsstellung der Flüchtlinge und der Konvention zum Schutze der Menschenrechte und Grundfreiheiten, deren Anwendung in den Vertragsstaaten sichergestellt sein muss, Zuständigkeitsregelungen für die Prüfung von Asylbegehren einschließlich der gegenseitigen Anerkennung von Asylentscheidungen treffen.

Konkret brachte der Asylkompromiss von 1993 also folgende Einschränkungen:

Wer über ein EU-Land oder über ein anderes Nachbarland Deutschlands einreist, hat keinen Anspruch auf Asyl und kann sofort abgewiesen werden. Das besagt die sogenannte „Drittstaatenregelung“, die auch in anderen EU-Ländern existiert. Ein anderer Staat kann also im Rahmen europäischer Zuständigkeitsvereinbarungen für die Schutzgewähr eines Asylbewerbers zuständig werden, und der Asylbewerber, ohne dass sein Asylantrag in der Sache geprüft wird, dorthin verwiesen wird. Die meisten Flüchtlinge scheitern auf diese Weise bereits an den Grenzen Deutschlands. Oft kommt es zudem zu Kettenabschiebungen, an deren Ende sich der Flüchtling in seinem Herkunftsland wiederfindet.

Auch Flüchtlinge aus „sicheren Herkunftsstaaten“, also Ländern, in denen keine Verfolgung oder unmenschliche Behandlung droht, besitzen keinen Anspruch auf Asyl.

Zudem können über Flughäfen eingereiste Bewerber bis zu 19 Tage festgehalten werden, um ihren Asylantrag zu prüfen. Dies ist möglich, da die Transitbereiche von Flughäfen als „exterritoriale Gebiete“ eingestuft werden. So können Asylverfahren schon vor der Einreise nach Deutschland durchgeführt und die Einreise verweigert werden.

Kritik an dem neuen Verfahren übten das UNO-Flüchtlingshilfswerk UNHCR und Organisationen wie Pro Asyl. Demnach sei die deutsche Regelung unmenschlich und führe dazu, dass Menschen, die in anderen EU-Ländern Flüchtlingsstatus erhalten würden, in Deutschland keine Chance auf Asyl hätten.

Politisch wollte die deutsche Regierung mit dem Asylkompromiss sicherstellen, dass sich nur tatsächlich politisch Verfolgte auf das deutsche Asylrecht berufen können. Daneben bestand weiterhin die Möglichkeit eines „kleinen Asyls“. Dieses regelt das Aufenthaltsrecht und den Schutz vor Abschiebung, wenn die Person nach der Definition der Genfer Flüchtlingskonvention Flüchtlingsschutz genießt.

Die Änderung des Grundgesetzes erwies sich als äußerst wirksam. Die Asylberechtigung nach der Neufassung von Artikel 16a GG wurde nur selten anerkannt. Gleichzeitig stieg die Zahl der Abschiebungen. 1995 stellten rund 127.000 Menschen Asylerstanträge, 2007 nur noch rund 19.000. Später stiegen die Zahlen wieder deutlich. 2012 waren es 64.539 Erstanträge und damit 41 Prozent mehr als im Vorjahr. Letzterer Anstieg ging unter anderem auf die Fluchtbewegungen aus den vom Krieg zerrütteten Ländern Afghanistan und Syrien zurück. Im Jahr 2012 haben die deutschen Behörden 14,2 Prozent der Antragsteller als Flüchtlinge, aber nur 1,2 Prozent davon als asylberechtigt im Sinne des Grundgesetzes anerkannt. 13,5 Prozent der Asylbewerber erhielten subsidiären Schutz. Insgesamt lag die Anerkennungsquote zwischen 2009 und Mitte 2018 in jedem Jahr unter zwei Prozent. Die durch den Zusammenbruch des Ostblocks ausgelöste Flüchtlingswelle war gebannt. Den Volksparteien der Bundesrepublik Deutschland war es gelungen, in einer konzertierten Aktion die notwendige Änderung des Grundgesetzes herbeizuführen und damit den aufkommenden rechtspopulistischen Kräften mit ihren Parolen gegen Ausländer den Wind aus den Segeln zu nehmen. Rund 20 Jahre später – bei der nächsten großen Asylantenwelle – zeigten sich die etablierten Parteien hingegen derart zerstritten, dass sie erst zu spät bemerken, wie sie dieses Mal der Alternative für Deutschland selbst den Nährboden bereiten und damit die Demokratie in Deutschland gefährden.

## Arabischer Frühling

Zur winterlichen Jahreszeit – im Dezember 2010 – begann der sogenannte Arabische Frühling – und gab den Startschuss für eine Flüchtlingswelle, die in den darauffolgenden Jahren auf Europa zukam. Aufstände, Proteste und Revolutionen in der arabischen Welt wendeten sich gegen die dortigen autoritär herrschenden Regime. Es began in Tunesien und setzte sich über etliche Staaten im Nahen Osten (Maschrek / Arabische Halbinsel) bis nach Nordafrika – Maghreb-Staaten und Ägypten – fort. Ab 2011 stieg infolgedessen die Zahl der Menschen, die nach Europa kamen, um Asyl zu beantragen, deutlich an. Die Routen führten über die Türkei oder von Nordafrika aus über das Mittelmeer.[67]

„Eigentlich“ war die Europäische Union auf die Abwehr unerwünschter Migranten bestens vorbereitet. Seit in den 1990ern die Grenzen innerhalb Europas fielen und die meisten EU-Bürger sich innerhalb der EU ohne Reisepass frei bewegen können, hat der Staatenbund seine Außengrenzen gleichzeitig immer stärker militarisiert. Amnesty International schätzt, dass die EU zwischen 2007 und 2013 fast zwei Milliarden Euro für Zäune, Überwachungssysteme und Patrouillen an Land und zu Wasser ausgab. Theoretisch sollten Flüchtlinge von Grenzkontrollen ausgenommen sein, da sie nach internationalem Recht auf der Suche nach Asyl Grenzen passieren dürfen. Doch in der Realität versuchte die EU, Asylbewerber mit allen möglichen Mitteln davon abzuhalten, ihr Territorium überhaupt erst zu betreten. Sie versperrte legale Wege wie etwa die Möglichkeit, in Botschaften im Ausland Asyl zu beantragen. Sie verhängte Strafen für Transport-Unternehmen, die es Menschen erlaubten, ohne korrekte Dokumente in die EU einzureisen. Zudem schloß sie Verträge mit ihren Nachbarstaaten, damit diese die Migration im Sinne der EU kontrollierten. Innerhalb der EU zwang das sogenannte Dublin-Abkommen Asylbewerber dazu, in dem Land ihren Antrag zu stellen, das sie zuerst betraten.

## Sicherheit hat oberste Priorität

Dabei blieb für Europa die Sicherheit oberste Priorität und nicht der Schutz der bedürftigen Menschen, die nach Europa wollten. Im gleichen Zeitraum, in dem die Europäische Union zwei Milliarden Euro für die Grenzsicherung ausgab, betrug die Summe, die sie für die Verbesserung der Aufnahmebedingungen für Flüchtlinge aufwendete, gerade einmal 700 Millionen Euro. Dennoch war Europa auf den Ansturm aufgrund des arabischen Frühlings äußerst schlecht vorbereitet und es kam zum Chaos. Tausende Menschen starben bei dem Versuch, über das Mittelmeer das europäische Festland zu erreichen. Die meisten Migranten, die es schafften, versuchten, ihre Reise nach Nordwest-Europa fortzusetzen. Dabei galt „eigentlich" das Dublin-Abkommen von 2013. Die Dublin-Verordnung regelt, welcher Staat für die Bearbeitung eines Asylantrags innerhalb der EU zuständig ist. So sollte sichergestellt werden, dass ein Antrag innerhalb der EU nur einmal geprüft werden muss. Ein Flüchtling muss in dem Staat um Asyl bitten, in dem er den EU-Raum erstmals betreten hat. Dies geschah besonders häufig an den

EU-Außengrenzen, etwa in Italien, Griechenland oder Ungarn. Angesichts des Ansturms wurde die Durchsetzung der Dublin-Bestimmungen allerdings für einige Zeit ausgesetzt, um eben diese EU-Länder zu entlasten.

Fast drei Millionen Menschen beantragen 2015 und 2016 in der EU Asyl. Das war im Verhältnis zur Gesamtbevölkerung von 508 Millionen noch immer eine kleine Zahl. Aber es war eine Zahl, die schon am 26. Juni 2013 (!) das Europäische Parlament und den Europäischen Rat zu den Richtlinien 2013/32/EU und 2013/33/EU veranlasste. Im Wesentlichen ging es dabei um die Verschärfung der Verfahren zur Zuerkennung bzw. Aberkennung der Flüchtlingseigenschaften. Dabei sollte trotz deutlich rigideren Regeln der Grundsatz der Nichtzurückweisung gemäß Genfer Flüchtlingskonvention gewahrt bleiben, also niemand dorthin zurückgeschickt werden, wo er Verfolgung ausgesetzt ist.[68]

Zwei Jahre später befasste sich die deutsche Bundesregierung konkret mit der gesetzlichen Umsetzung der EU-Richtlinien 2013/32/EU. Im September einigte sich die damalige Große Koalition aus CDU/CSU und SPD auf einen Gesetzentwurf. Die darin vorgesehenen Regelungen zur Verschärfung der Asylregeln und zur Einstufung weiterer Balkanstaaten als sichere Herkunftsstaaten sollten am 1. November 2015 in Kraft treten. Darüber hinaus beriet die Bundesregierung über ein Gesetz zur Verbesserung der Unterbringung, Versorgung und Betreuung ausländischer Kinder und Jugendlicher, das im Oktober 2015 veröffentlicht wurde und unter anderem die Verteilung minderjähriger Flüchtlinge regelte. Derweil bemängelte die EU-Kommission, dass Deutschland neben anderen Mitgliedsstaaten die europäischen Richtlinien zur Asylpolitik nicht ordnungsgemäß umsetzte. Im September 2015 leitete die EU-Kommission gegen 19 Mitgliedstaaten 40 EU-Vertragsverletzungsverfahren wegen Verstoßes gegen gemeinsame Asylstandards ein.[69] Gegen Deutschland wurden zwei Vertragsverletzungsverfahren wegen fehlender Umsetzung von Richtlinien zur Ausgestaltung der Asylverfahren und der Aufnahmebedingungen begonnen. Im August 2015 bemängelte die EU-Kommission, dass Deutschland in den ersten sieben Monaten des Jahres 2015 zwar 218.000 Asylanträge entgegengenommen, aber nur 156.000 neue Datensätze in das zentrale Erfassungssystem der EU eingestellt hatte. Im September 2015 forderte sie die Bundesregierung auf, dazu Stellung zu nehmen, dass 2014 unter den 128.000 Personen ohne Aufenthaltsberechtigung in Deutschland nur 34.000 zur Ausreise aufgefordert worden seien. Beides waren sicherlich unmittelbare Auswirkungen des Asylchaos, das zu dieser Zeit in Deutschland herrschte. Aber diese Antwort gab die Bundesregierung natürlich nicht an die EU weiter.

## Gesetze gegen Asylsuchende

Immerhin war der deutsche Gesetzgeber im Jahr 2015 fleißig und beschloß ein umfassendes Bündel an Maßnahmen, um den wachsenden Zustrom an Asylsuchenden besser in den Griff zu bekommen. Das Gesetz zur Neubestimmung des Bleiberechts und der Aufenthaltsbeendigung vom 27. Juli 2015 trat am 1. August 2015 in Kraft, mit Ausnahme der Ausweisungsvorschriften, die zum 1. Januar 2016 Geltung erlangten.[70] Das Änderungsgesetz führte unter anderem Bleibemöglichkeiten für gut integrierte Jugendliche und Heranwachsende (§ 25a AufenthG) und für Langzeitgeduldete (§ 25b AufenthG) ein, sah eine einjährige Duldungsmöglichkeit während der Ausbildung vor (§ 60a AufenthG) und gewährte subsidiär Schutzberechtigten ein Recht auf Familiennachzug (§ 29 AufenthG). Andererseits ermöglichte es schnellere Abschiebungen: Es verschärfte die Voraussetzungen für die Erteilung einer Aufenthaltserlaubnis (§ 5 AufenthG), führte erstmals einen Ausreisegewahrsam ein (§ 62b AufenthG), weitete die Abschiebehaft aus (§ 2 Abs. 14 AufenthG), gestattete die Haft zum Zweck der Abschiebung nach Dublin III (§ 2 Abs. 15 AufenthG), bestimmte Einreise- und Aufenthaltsverbote für abgelehnte Asylbewerber aus sicheren Herkunftsstaaten (§ 11 Abs. 7 AufenthG) und gestattete es, Datenträger von Ausländern zum Zweck der Identitätsfeststellung auszulesen (§ 48 Abs. 3 AufenthG). Mit Inkrafttreten des Integrationsgesetzes am 6. August 2016 wurde zudem die Ausbildungsduldung auf die „3+2-Regel“ erweitert, eine Duldung für die dreijährige Dauer der Ausbildung und für eventuell zwei anschließende Jahre.[71]

Am 29. September 2015 beschloß das Bundeskabinett ein Gesetzespaket mit wesentlichen Änderungen im Asylrecht. Darin wurden unter anderem Bargeldzahlungen in den Erstaufnahmeeinrichtungen weitgehend durch Sachleistungen ersetzt, es wurden Integrationskurse angeboten, wobei sich die Flüchtlinge mit 10 Euro pro Monat an den Kosten ihrer Integrationskurse beteiligen mussten, und ein schnellerer Zugang zum (Leih-) Arbeitsmarkt festgelegt. Der Verwaltungsaufwand für die Gesundheitsbehandlungen von Flüchtlingen wurde wesentlich vereinfacht. Das Bauplanungsrecht wurde zeitweise gelockert, damit Bund und Länder schnellstmöglich rund 150.000 Erstaufnahmeplätze schaffen konnten. Die Verteilung von Flüchtlingen und die Praxis von Abschiebungen wurde neu geregelt, ebenso die Finanzverteilung zwischen der Bundeskasse und den Ländern. Weiterhin gab es neue Verfahren bei den Unterkünften, so konnten Flüchtlinge aus den Westbalkanstaaten bis zu sechs Monate in Erstaufnahmezentren bleiben. Albanien, Kosovo und Montenegro wurden als weitere sichere Herkunftsstaaten eingestuft. Diese Änderungen im Asylrecht traten überwiegend durch das Asylverfahrensbeschleunigungsgesetz am 24. Oktober 2015 in Kraft.[72]

Damit nicht genug, wurde zügig über ein Asylpaket II debattiert, das ursprünglich schon am 1. Januar 2016 seine Wirkung entfalten sollte, sich aber bis zum 5. Februar 2016 verzögerte. Wiederum war das Gesetzespaket umfänglich. Bundesweit entstanden fünf besondere Aufnahmezentren, in denen Asylbewerber mit geringer Erfolgsaussicht Schnellverfahren durchlaufen sollten. Dazu zählten Asylsuchende, die keine Bereitschaft zur Mitwirkung zeigen, falsche Angaben zu ihrer Identität machen oder Dokumente mutwillig vernichteten. Aber auch Menschen aus Staaten, die als sicher galten sowie Flüchtlinge mit Wiedereinreisesperren oder Folgeanträgen fielen darunter. In diesen Zentren wurde die Freizügigkeit eingeschränkt, die Asylsuchenden durften den Bezirk der für sie zuständigen Ausländerbehörde nicht verlassen. Hielten sie sich nicht darin, wurden ihnen Leistungen gestrichen und das Asylverfahren ruhte[73].

Die Abschiebung gesundheitlich angeschlagener Flüchtlinge wurde erleichtert, da nur besonders schwere Krankheiten vor Abschiebung schützen sollten, die durch ein ärztliches Attest fristgerecht zu belegen waren.

Zudem wurde der Nachzug für Familienangehörige von Flüchtlingen, die nur über subsidiären Schutz verfügen, für zwei Jahre ausgesetzt. Eine Ausnahme galt jedoch für Flüchtlingsangehörige, die noch in Flüchtlingscamps in der Türkei, Jordanien und dem Libanon waren. Diese sollten vorrangig mit Kontingenten nach Deutschland geholt werden, wobei solche Kontingente aber auf Ebene der Europäischen Union vereinbart werden mussten.

Die Regierungskoalition legte am 15. Dezember 2015 den Entwurf eines Gesetzes zur Verbesserung der Registrierung und des Datenaustausches zu aufenthalts- und asylrechtlichen Zwecken (Datenaustauschverbesserungsgesetz) vor. Der Entwurf wurde am 15. Januar 2016 in der durch den Innenausschuss geänderten Fassung verabschiedet und trat am 5. Februar 2016 in Kraft. Mit dem Datenaustauschverbesserungsgesetz wurde der rechtliche Rahmen dafür geschaffen, dass ein neues Kerndatensystem auf Basis des Ausländerzentralregisters (AZR) eingeführt werden konnte, das den Behörden von Bund, Ländern und Kommunen Zugriff auf die zentral vorgehaltenen Stammdaten einreisender Geflüchteter ermöglichte. Vor allem wurden Mehrfachidentitäten, wie sie im zuvor genutzten IT-System „Easy“ an der Tagesordnung waren, verhindert. An alle Asylbewerber wurde ein einheitlicher Ausweis – amtlich „Ankunftsnachweis“ genannt – ausgegeben, indem wichtige Daten einheitlich erfasst wurden.[74]

Der Gesetzgeber setzt 2015/16 also alles daran, den Asylzustrom einzudämmen, besser zu organisieren und schneller zu bearbeiten. Allerdings definierten weder das Aufenthaltsgesetz noch das Asylgesetz den Begriff „Asyl“. Die Frage „was ist eigentlich Asyl“ blieb vonseiten des Gesetzgebers also unbeantwortet. Die Antwort darauf ergibt sich daher in erster Linie aus der Rechtsprechung des Bundesverfassungsgerichts zu Artikel 16a des Grundgesetzes. Demnach liegt eine politische Verfolgung („Flüchtlingsstatus“) dann vor, wenn dem Einzelnen durch den Staat oder durch Maßnahmen Dritter, die dem Staat zuzurechnen sind, in Anknüpfung an seine Religion, politische Überzeugung oder an andere, für ihn unverfügbare Merkmale, die sein Anderssein prägen, gezielt Rechtsverletzungen zugefügt werden, die nach ihrer Intensität und Schwere die Menschenwürde verletzen, ihn aus der übergreifenden Friedensordnung der staatlichen Einheit ausgrenzen und in eine ausweglose Lage bringen. Das klingt kompliziert und das ist es auch. Wohl aus diesem Grund hielt es der Gesetzgeber über Jahrzehnte hinweg nicht für erforderlich, Flüchtlingen einen offiziellen Flüchtlingsstatus zuzuerkennen, auch nicht nach dem 24. Dezember 1953, dem Tag, an dem die Genfer Flüchtlingskonvention in Deutschland Geltung erlangte. Erst durch die Umsetzung von EU-Richtlinien wurde mittlerweile die Flüchtlingseigenschaft förmlich zuerkannt, unter Umständen zusätzlich zur Asylberechtigung. Anerkannte Flüchtlinge haben demnach gegenüber Asylberechtigten keine Nachteile mehr.[75]

## Asyl vom Antrag bis zur Entscheidung

Im Asylgesetz ist das behördliche Verwaltungsverfahren, das dem Asylbewerber den Status als Asylberechtigter zu- oder aberkennt, genauestens geregelt. Am Ende des Verfahrens steht der Entscheid des Bundesamtes für Migration und Flüchtlinge (Bamf).[76]

Damit das Verfahren überhaupt durchgeführt werden kann, erhält der Asylbewerber zunächst eine Aufenthaltsgestattung.

Mit anderen Worten: Er darf in Deutschland verbleiben, solange das Verfahren läuft.

Die Dienstanweisungen für das Asylverfahren sind seit 2008 in einen öffentlich zugänglichen Teil und einen als „Nur für den Dienstgebrauch“ (VS-NfD) eingestuften Teil unterteilt. Das Asylverfahren wird zudem durch Herkunftsländer-Leitsätze gesteuert, die als VS-NfD eingestuft sind. Im Koalitionsvertrag 2018 war festgelegt, dass alle behördlichen sowie gegebenenfalls auch alle gerichtlichen Verfahren in Ankerzentren gebündelt werden. In diesen Aufnahmeeinrichtungen sollen die Asylbewerber bleiben, bis sie entweder eine positive Bleibeperspektive erhalten oder zur Abschiebung vorgesehen werden.

Wer einen Asylantrag stellen will, muss sich zunächst persönlich in einer Aufnahmeeinrichtung melden. Dort werden am Computer grundlegende Daten wie der Name, das Geschlecht, das Herkunftsland und gegebenenfalls die sogenannten Familienverbände erfasst. Auf dieser Grundlage erhält der Flüchtling mitgeteilt, welche Erstaufnahmeeinrichtung für ihn zuständig ist. Dorthin hat er sich zu begeben und muss nach der Aufnahme in dieser Einrichtung unverzüglich oder zu einem ihm genannten Termin bei der zuständigen Außenstelle des Bundesamtes persönlich erscheinen, um den Asylantrag zu stellen.

Paragraf 13 AsylG definiert einen Asylantrag wie folgt:[77]

(1) Ein Asylantrag liegt vor, wenn sich dem schriftlich, mündlich oder auf andere Weise geäußerten Willen des Ausländers entnehmen lässt, dass er im Bundesgebiet Schutz vor politischer Verfolgung sucht oder dass er Schutz vor Abschiebung

oder einer sonstigen Rückführung in einen Staat begehrt, in dem ihm eine Verfolgung im Sinne des § 3 Absatz 1 oder ein ernsthafter Schaden im Sinne des § 4 Absatz 1 AsylG droht.

(2) Mit jedem Asylantrag wird die Anerkennung als Asylberechtigter sowie internationaler Schutz im Sinne des § 1 Absatz 1 Nummer 2 AsylG beantragt. Der Ausländer kann den Asylantrag auf die Zuerkennung internationalen Schutzes beschränken. Er ist über die Folgen einer Beschränkung des Antrags zu belehren.

(3) Ein Ausländer, der nicht im Besitz der erforderlichen Einreisepapiere ist, hat an der Grenze um Asyl nachzusuchen (§ 18 AsylG). Im Falle einer unerlaubten Einreise hat er sich unverzüglich bei einer Aufnahmeeinrichtung zu melden (§ 22 AsylG oder bei der Ausländerbehörde oder der Polizei um Asyl nachzusuchen (§ 19 AsylG).

Die Behörden sind ausdrücklich angehalten, die Identität des Asylbewerbers durch erkennungsdienstliche Maßnahmen zu sichern (§ 16 AsylG). Das gilt allerdings nicht für Kinder unter 14 Jahren. Wer glaubhaft machen kann, dass er jünger als 14 ist, wird nicht weiter überprüft.[78]

Wer im Flugzeug einreist oder einen Asylantrag schon vor seiner Einreise nach Deutschland stellt, wird nach dem sogenannten Flughafenverfahren behandelt (§ 18a AsylG). Dabei wird jede Asyl-suchende Person, die keine oder gefälschte Ausweispapiere mit sich führt oder die aus einem sicheren Herkunftsland stammt, noch im Flughafen bzw. vor der Einreise nach Deutschland von der Bundespolizei in eine Flüchtlingsunterkunft im Transitbereich gebracht. Der Ankömmling muss das Asylgesuch unmittelbar nach der Ankunft gegenüber der Bundespolizei begründen und darf die Unterkunft nicht verlassen, bis über das Gesuch entschieden worden ist. Es werden Fingerabdrücke genommen und in die EURODAC-Datenbank übernommen. Durch Abgleich mit vorhandenen Daten wird festgestellt, ob dieselbe Person bereits in einem anderen Staat einen Asylantrag gestellt hat, denn in diesem Fall wird der Asylsuchende im Einklang mit dem Dublin-II- bzw. seit 2016 mit dem Dublin-III-Verfahren dorthin ausgewiesen.[79]

## Recht auf Rechtsanwalt

Wie bei jedem Asylverfahren findet eine Anhörung vor dem Bundesamt für Migration und Flüchtlinge (Bamf) statt. Eine solche Anhörung ist ein zentrales Element jedes Asylverfahrens. Sofern das Bamf den Asylantrag innerhalb der vorgesehenen Frist von zwei Tagen als offensichtlich unbegründet ablehnt, verweigert die Bundespolizei dem Antragsteller die Einreise; er hat dann Anrecht auf asylrechtskundige Beratung durch einen Rechtsanwalt. Innerhalb von drei Tagen kann er, unterstützt durch den Rechtsanwalt, vor dem Verwaltungsgericht einen Eilantrag auf vorläufigen Rechtsschutz stellen und zugleich Klage gegen den Ablehnungsbescheid des Bundesamtes erheben. Über den Eilantrag auf vorläufigen Rechtsschutz entscheidet das zuständige Verwaltungsgericht innerhalb der nächsten 14 Tage. Die Entscheidung wird in der Regel auf Grundlage der vorgelegten Dokumente durchgeführt, ohne dass eine weitere Anhörung stattfindet. Anschließend wird dem Asylsuchenden entweder die Einreise nach Deutschland erlaubt, damit er sein Asylgesuch weiterverfolgt, oder er wird zurückgewiesen. Sollte die Zurückweisung wegen fehlender

Ausweise nicht möglich sein, kümmert sich die Bundespolizei um Ausweise für die Reise. Solange bleibt der Asylsuchende in der geschlossenen Flüchtlingsunterkunft im Transitbereich. Dieser Zeitraum darf allerdings nicht länger als 18 Monate sein. Hieran entzündet sich häufig Kritik, weil sich die Frage stellt, ob diese Vorgehensweise als Freiheitsentzug einzustufen ist. So wertet der Europäische Gerichtshof für Menschenrechte im Jahr 1996 im Fall Amuur den Aufenthalt im Transitbereich des Flughafens Paris-Orly als Freiheitsentzug und stuft das Flughafenverfahren folglich als Verstoß gegen Artikel 5, Absatz 1 der Europäischen Menschenrechtskonvention ein.[80] Im gleichen Jahr entscheidet indes das deutsche Bundesverfassungsgericht genau andersherum und sieht darin keinen Freiheitsentzug. Die Diskussion ist ohnehin eher von akademischem denn von praktischem Nutzen, da die Anzahl der per Flugzeug einreisenden Asylsuchenden über alle Jahre hinweg niedrig bleibt. Die meisten kommen auf dem Landweg nach Deutschland und stellen auch noch keinen Antrag vor der Einreise.

In Deutschland gilt für Asylbewerber und Geduldete die Residenzpflicht. Sie müssen sich demnach für eine vorgegebene Zeitdauer in dem von der zuständigen Behörde festgelegten Bereich aufhalten.

Ist der Antrag erst einmal wirksam gestellt, beginnt die behördliche Prüfung. Dabei hat der Asylbewerber Mitwirkungspflichten nach § 15 AsylG. Vor allem hat er allen gesetzlichen und behördlichen Anordnungen, sich bei bestimmten Behörden oder Einrichtungen zu melden oder dort persönlich zu erscheinen, Folge zu leisten. Dazu gehört auch, dass er verpflichtet ist, während des laufenden Asylverfahrens jede Adressänderung dem Bamf mitzuteilen, auch dann, wenn ihm der Umzug behördlich verordnet wurde.

Schließlich kommt es zur Anhörung vor dem Bamf gemäß § 25 AsylG, dem wichtigsten Vorgang im Rahmen des behördlichen Asylverfahrens.[47] Die Anhörungen sind nicht öffentlich. Hilfsorganisationen, Wohlfahrtsverbände und teilweise auch städtische Einrichtungen bieten den Asylsuchenden Beratung an, um sich auf den für sie wichtigsten Termin vorzubereiten. Wer zu diesem Termin unentschuldigt nicht erscheint, läuft Gefahr, dass sein Antrag abgelehnt oder das Verfahren eingestellt wird. Wörtlich heißt es beim Bamf: „Kann die Person, die in der Ladung genannte Uhrzeit aufgrund einer langen Anreise nicht einhalten und sich verspäten, sollte spätestens bis zu einem Tag vorher schriftlich oder telefonisch mitgeteilt werden, ab welcher Uhrzeit der Termin wahrgenommen werden kann. Dann können die Mitarbeitenden vor Ort die Termine besser einplanen.“[81] Bei Krankheit muss ein ärztliches Attest per Post nachgereicht werden.

Bei der Anhörung ist ein Dolmetscher anwesend. Zusätzlich kann ein Rechtsanwalt oder ein Vertreter des Hohen Flüchtlingskommissars der Vereinten Nationen (UNHCR) und bei unbegleiteten Minderjährigen der Vormund teilnehmen. Die Teilnahme einer weiteren Vertrauensperson als Beistand ist ebenfalls möglich. Diese Person muss sich ausweisen können und darf selbst nicht im Asylverfahren sein. Das Ziel der Anhörung ist es, die individuellen Fluchtgründe zu erfahren, tiefere Erkenntnisse zu erhalten sowie Widersprüche aufzuklären.

Die Dauer der Anhörung hängt vom Einzelfall ab. Auf jeden Fall sollen die Antragsteller ausreichend Zeit bekommen, um die individuellen Fluchtgründe zu schildern. Sie stellen ihren Lebenslauf und ihre Lebensumstände dar, schildern den Reiseweg und ihr eigenes Verfolgungsschicksal. Außerdem äußern sie ihre Einschätzung der Umstände, die sie bei einer Rückkehr in ihr Herkunftsland erwarten. Dabei sind sie – natürlich – verpflichtet, die Wahrheit zu sagen und gegebenenfalls sogar Beweise für ihre Geschichte vorzulegen. Das können Fotos sein, Schriftstücke der Polizei oder von anderen Behörden, gegebenenfalls auch ärztliche Atteste. Was bei dieser Anhörung nicht erklärt oder vorgelegt wird, wird später weder beim Bundesamt noch in einem eventuellen gerichtlichen Verfahren berücksichtigt. Die Schilderungen werden übersetzt und protokolliert und im Anschluss an die Anhörung für die Antragstellenden rückübersetzt. Sie bekommen so Gelegenheit, das Gesagte zu ergänzen oder zu korrigieren. Schließlich wird ihnen das Protokoll zur Genehmigung durch die Unterschrift vorgelegt. Bei Verständigungsproblemen während der Anhörung wird der Termin verschoben.[82]

Für Opfer geschlechtsspezifischer Menschenrechtsverletzungen, wie etwa Vergewaltigung, sonstiger sexueller Misshandlung, drohender Genitalverstümmelung, Folteropfer, Traumatisierte oder Opfer von Menschenhandel und unbegleitete Minderjährige hält das Amt speziell geschulte Sonderbeauftragte bereit.

## Ordnungswidrigkeit „Falschangabe“

Bestehen Zweifel an der Identität von Antragstellenden, führt das Bundesamt eine Überprüfung mittels einer Sprach- und Textanalyse durch, zu der Sprachgutachter hinzugezogen werden. Solche Fälle werden dem bundesamtseigenen Sicherheitsreferat gemeldet. Das Referat arbeitet zum einen eng mit dem Gemeinsamen Extremismus- und Terrorismusabwehrzentrum (GETZ) und dem Gemeinsamen Terrorismusabwehrzentrum (GTAZ) zusammen. Zum anderen führt es im Rahmen der datenschutzrechtlichen Möglichkeiten einen automatisierten Datenabgleich mit den Sicherheitsbehörden durch. Falsche Angaben während des Asylverfahrens beeinflussen natürlich die Entscheidung des Bamf, sofern sie aufgedeckt werden. Sie stellen jedoch während dieser Zeit keine Straftat dar, sondern werden höchstens als Ordnungswidrigkeit gewertet. Das ist bemerkenswert, da genau diese Angaben naturgemäß häufig „der kritische Punkt“ bei einer Anhörung sind. Lügen bei der Asylanhörung sind nicht strafbar. Erst wenn der Antragsteller nach einem positiven Bescheid weiterhin unter einer falschen Identität in Deutschland lebt, macht er sich strafbar.[83]

Es gibt festgelegte Gründe, ein Asylverfahren abzubrechen. Taucht der Antragsteller etwa unter oder reist er während des Asylverfahrens in sein Herkunftsland zurück, gilt der Asylantrag als zurückgenommen (§ 33 AsylG). Ist der Flüchtling hingegen erst einmal anerkannt, führt eine Rückkehr in sein Heimatland nicht zwangsläufig zur Aberkennung. Genau solche Fälle sorgen im Sommer 2017 für Schlagzeilen wie „Flüchtlinge machen Urlaub in der Heimat“. Nach Auskunft der Ausländerbehörden in Baden-Württemberg gab es seit 2014 mehr als 100 Flüchtlinge, die zum Teil mehrfach in ihre Heimatländer gereist und bei der Rückkehr ihren Schutzstatus in Deutschland behalten hätten. Es ging um familiäre, aber auch um Geschäfts- und Urlaubsreisen nach Syrien und in den Irak. Der Amtschef des baden-württembergischen Innenministeriums, Julian Würtenberger, sprach von einer „gewissen Dunkelziffer“, deutete also an, dass es sich um wesentlich mehr Fälle handeln könnte. Das Gesetz sieht eine Einzelfallprüfung vor, als deren Ergebnis gegebenenfalls ein Widerruf oder eine Rücknahme des Schutzstatus möglich ist (§ 73 AsylG). Allerdings muss das Amt seine Entscheidung begründen, im Zweifelsfall also nachweisen, dass es sich um eine Erholungsreise handelt und nicht etwa um den Besuch eines in der Heimat erkrankten Verwandten. „Es kann gewichtige Gründe geben, warum ein anerkannter Flüchtling für kurze Zeit in seine Heimat reisen will“, betonte Aydan Özoguz, die Integrationsbeauftragte der Bundesregierung. [84] Völlig losgelöst von der gesetzlichen Regelung waren diese Fälle allerdings verheerend für die öffentliche Meinung. Hier entstand der Eindruck, der deutsche Rechtsstaat mache sich lächerlich, es führte den Rechtsstaat geradezu ad absurdum. Es fiel schwer, diesem Eindruck zu widersprechen, zumal er einherging mit der Vermutung, dass das Bamf unverändert völlig überlastet war und daher seinen Aufgaben ohnehin nicht gerecht werden konnte.

Im Sommer 2015 benötigte das Bamf nach eigenen Angaben im Durchschnitt 5,4 Monate für die Bearbeitung eines Antrags. Viele Experten schätzten die Bearbeitungszeit jedoch deutlich höher bis auf etwa ein Jahr ein. Es kommt wohl – wie so häufig bei Statistik – darauf an, was und wie man zählt. Das Amt begann erst mit dem Moment der Asylantragstellung, nicht aber beim Eintreffen im Land. Dazwischen konnten einige Monate vergehen. Weiterhin bearbeitete das Bamf augenscheinlich leicht zu entscheidende Fälle schnell und schob gleichzeitig eine Bugwelle von rund 254.000 unbearbeiteten Anträgen vor sich her.

Das Bamf entscheidet schließlich, ob der Antragsteller als Asylberechtigter oder Flüchtling anerkannt wird oder subsidiären Schutz erhält. Möglicherweise wird auch ein Abschiebungshindernis festgestellt. Andernfalls fordert das Bundesamt den Asylbewerber auf, sofern er auch aus keinem anderen Grund wie beispielsweise einer Eheschließung bleiben darf, zur „freiwilligen Ausreise“ auf und droht mit Abschiebung.

Nach einem negativen Bescheid gelten enge zeitliche Fristen für den Asylbewerber, um sich eine Rechtsberatung einzuholen und gegen den Bescheid zu intervenieren. Im Regelfall wird dem Asylbewerber bei einem negativen Bescheid eine Ausreisefrist von 30 Tagen gesetzt, bei unbeachtlichen oder offensichtlich unbegründeten Anträgen währt die Ausreisefrist nur eine Woche. Nach Ablauf der Frist ordnet das Bamf eine Abschiebung an. Diese ist durch die Bundesländer, meist die jeweilige Ausländerbehörde, durchzuführen.[85]

Bei der Ausweisung oder Abschiebung wird zugleich ein befristetes Einreise- und Aufenthaltsverbot verhängt, damit der Antragsteller nicht gleich wieder vorstellig wird. Im Falle einer späteren Wiedereinreise werden die Kosten einer durchgeführten Abschiebung in Rechnung gestellt. Zudem kann das Bamf auch abgelehnte Asylbewerber aus sicheren Herkunftsstaaten und Personen, deren zweiter Asylfolgeantrag abgelehnt wurde, mit einem Einreise- und Aufenthaltsverbot belegen, selbst wenn der Asylbewerber freiwillig ausgereist ist.

Wer eine Aufenthaltsgestattung erhält, darf in den ersten drei Monaten nicht arbeiten. Danach darf er eine Arbeitserlaubnis beantragen – ob er sie erhält, liegt im Ermessen des Amtes. Allerdings kann eine Person mit Aufenthaltsgestattung oder

Duldung nur einen „nachrangigen“ Zugang zum Arbeitsmarkt erhalten. Nach drei Jahren kann die Ausländerbehörde die Niederlassungserlaubnis erteilen, legt das Gesetz zur Neubestimmung des Bleiberechts und der Aufenthaltsbeendigung fest, das zum 1. August 2015 in Kraft trat. Das gilt nicht, sofern das Bundesamt im Ausnahmefall mitteilt, dass die Voraussetzungen für einen Widerruf des Schutzstatus – wenn beispielsweise die Verfolgungsgefahr nur vorgetäuscht war – oder seine Rücknahme – wenn sich beispielsweise die politische Lage im Herkunftsland ändert – vorliegen. Durch das Integrationsgesetz wurden 2016 die gesetzlichen Regelungen zur Niederlassungserlaubnis dahingehend wieder verschärft, dass einem Flüchtling nun grundsätzlich erst nach fünf Jahren eine Niederlassungserlaubnis erteilt wird, und dies auch nur dann, wenn er bestimmte Integrationsleistungen erfüllt. Nur bei herausragender Integration – wenn er die deutsche Sprache beherrscht und sein Lebensunterhalt weitestgehend gesichert ist – kann er die Niederlassungserlaubnis bereits nach drei Jahren erhalten. Doch die rechtlichen Änderungen führten nicht zwangsläufig zu einer Verbesserung der Situation, wie sich beispielsweise bei Abschiebungen herausstellte.

## Abschiebung geht schief

Das politische Versprechen der Regierungsparteien in Deutschland lautete über Jahre hinweg: Abgelehnte Asylbewerber oder gar straffällige Ausländer werden konsequent in ihre Heimatländer abgeschoben. Doch in der Praxis von Verwaltung und Polizei wurde dieses Versprechen immer und immer wieder gebrochen – über Jahre hinweg. Zwar wurden 2018 laut Statistik 23.617 Menschen aus Deutschland abgeschoben. Aber deutlich mehr Abschiebungen, genau 30.921 scheiterten, weil die Betroffenen krank wurden, Schicksalsschläge erlitten, neue Gerichtsentscheidungen vorlagen oder schlichtweg nicht auffindbar waren. 2018 wurden 7.849 Fälle von „nicht erfolgter Zuführung am Flugtag" gezählt. Amtlich dokumentiert ist, dass in 3.322 Fällen bereits laufende Rückführungsversuche abgebrochen wurden, beispielsweise – wie es im Amtsdeutsch heißt – „wegen Beförderungsverweigerung" oder „wegen aktiven / passiven Widerstands".[86] „Abschiebung. Ein deutsches Desaster" titelte das Magazin *Der Spiegel* in seiner Ausgabe 10/2019 vom 2. März 2019.

Das Mitleid weiter Teile der Bevölkerung hatte sich längst von den Asylanten weg hin zu den Polizisten verlagert. Die Abzuschiebenden ergaben sich in den seltensten Fällen in ihr Schicksal, sie traten, spuckten, pöbelten. Mehr als 300-mal musste die Polizei 2018 die Betroffenen fesseln, häufig auch ins Flugzeug tragen. Manchmal kamen Kopf- und Beißschutz zum Einsatz, um die Verletzungsgefahr für die Beamten zu minimieren. Die Bundespolizeiführung sprach schon im April 2018 in einem internen Bericht von „einer zunehmenden Gewaltbereitschaft und Heimtücke" bei den Abzuschiebenden.

Den Begleitpolizisten, die nach Asien oder Afrika mitreisen mussten, wurde ihre Arbeit allerdings kaum gedankt. Die Reisezeit wurde ihnen häufig nicht in vollem Umfang als Arbeitszeit angerechnet, ihre Mahlzeiten im Flugzeug wurden ihnen unter Umständen vom ohnehin kargen Reisetaschengeld abgezogen, für ihre selbst gekaufte Kleidung, die sie bei der Abschiebung tragen sollten, bekamen sie eine Abnutzungspauschale von 1,20 Euro, wenn diese mit Blut oder Fäkalien beschmutzt wurde.

Es war ein durch den Föderalismus uneinheitliches und unübersichtliches Geflecht aus Bürokratie, Dienstvorschriften und mangelnden Ressourcen. Für die 150 Plätze einer Sammelabschiebung mussten rund 1.000 behördliche Vorgänge in Gang gesetzt werden, um 600 infrage kommende Personen zu identifizieren, von denen 400 nachts aufgescheucht werden mussten, um die 150 Plätze zu belegen, die im Flugzeug bereitstanden. Für die Abschiebehaft in Deutschland gab es nicht einmal 500 Plätze, aber Tausende von Personen, die dafür infrage kamen.

So blieb die Abschiebepraxis über Jahre hinweg unbefriedigend. Während die Politiker angesichts der immer stärkeren Empörungswellen in der deutschen Öffentlichkeit mit Versprechungen zu punkten suchten, von denen sie wussten, dass sie sie niemals einhalten können, war die Abschiebung eine Farce.

Hinzu kam, dass nach Berichten von Mitarbeitern der Ausländerbehörden augenscheinlich etwa jeder dritte Abgeschobene wieder nach Deutschland einreiste.[87] Eine offizielle Statistik zur Rückkehrerquote gab es nicht, aber die Schätzungen verschiedener Mitarbeiter aus unterschiedlichen Bundesländern sprachen eine deutliche Sprache. So ging man in baden-württembergischen Sicherheitskreisen davon aus, dass „zwischen einem Drittel und der Hälfte der Abgeschobenen wieder einreisen“. Ein langjähriges Mitglied der Bund-Länder-Arbeitsgruppe für Rückführung hielt eine „Größenordnung von um die 30 Prozent für wahrscheinlich“. Aus dem Bundesinnenministerium hieß es Anfang 2019: „Weil es bisher keine Statistiken zum Umfang der Wiedereinreise von Abgeschobenen gibt, sind dazu leider keine belastbaren Angaben möglich. Schätzungen aus Landesbehörden, dass bei ungefähr jeder dritten Rücküberstellung innerhalb Europas eine Wiedereinreise erfolgt, sind aus unserer Sicht nicht unplausibel. Bei Abschiebungen in Herkunftsländer außerhalb Europas dürfte aber die Wiedereinreisequote deutlich niedriger liegen.“[88]

Für die öffentliche Meinung und damit für die politische Landschaft waren es über diese Abschiebepraxis und diese Zahlen hinaus immer wieder Einzelfälle, die für Erstaunen sorgten. Dazu gehörte der Fall Mortaza D. Der junge Mann aus Afghanistan stellte 2010 – damals 15-jährig – in Deutschland einen Asylantrag, der im selben Jahr abgelehnt wurde. Aufgrund von Abschiebehindernissen blieb er dennoch geduldet in Deutschland. Sehr rasch füllte sich seine Strafakte: Hausfriedensbruch, Bedrohung, Drogendelikt, gefährliche Körperverletzung, versuchte Nötigung, schwerer räuberischer Diebstahl. Insgesamt 23 Straftaten kamen zusammen; das Versprechen der Politik, kriminelle Asylbewerber in ihre Heimatländer zurückzuschicken, geriet ins Wanken. Anfang 2019 wurde er in ein Abschiebeflugzeug nach Kabul verfrachtet. Doch Afghanistan verweigert seine Annahme. Zur Begründung wurden Zweifel an seiner afghanischen Identität und gesundheitliche Bedenken genannt. Prompt kam Mortaza D. zurück nach Deutschland.[89]

Ein vertraulicher Bericht der EU-Kommission aus dem Jahr 2021 zeigte, dass zwei Werte über Jahre hinweg unverändert blieben, egal wie viele Menschen in der Europäischen Union um Asyl baten: Nur einer von dreien wurde in erster Instanz anerkannt. Und von denen, die keinen Schutz bekamen, kehrte lediglich ein Drittel in ihre Heimatländer zurück.[90]

Ein weiteres Beispiel für eine absurde Asylpraxis allerdings ganz anderer Art stellte die „Bürgschaft für Flüchtlinge“ dar.

## Bürgen für Flüchtlinge

Aus purer Menschlichkeit bürgten eine ganze Reihe Deutscher für Syrer, die aus den Kriegswirren ihrer Heimat nach Deutschland kamen. Mit der Bürgschaft ermöglichten sie den Hilfe suchenden Syrern die legale Einreise hierzulande. Diese Menschenfreundlichkeit sollte vielen von ihnen schlecht bekommen: Im Oktober 2018 begannen die ersten Jobcenter, die Bürgen zur Kasse zu bitten, um die Unterhaltskosten für „ihre“ Flüchtlinge zu bezahlen. Allein das Jobcenter in Essen ging von 250 bis 300 Betroffenen aus und forderte pro Fall zwischen 5.000 und 20.000 Euro für Unterkunft und Lebensmittel. Bei einigen besonders aktiven Helfern, die gleich die Bürgschaft für mehrere Syrer übernommen hatten, konnten sich die Kosten auf bis zu 50.000 Euro belaufen. Unabhängig davon, ob die Kosten tatsächlich beigetrieben wurden oder nicht, waren es solche Geschichten, die die Menschen hierzulande fassungslos machten, wenn Hilfsbereitschaft zum finanziellen Ruin führen konnte. Die Bürgen waren entsetzt und fühlten sich betrogen. „Man hat uns bei der Ausländerbehörde damals gesagt, dass die Ansprüche nicht weiterverfolgt werden, sobald die Flüchtlinge hier einen Asylantrag stellen“, sagte einer der Bürgen, und sprach damit vermutlich vielen Mitbürgern aus dem Herzen.[91]

## Familiennachzug

Zu den größten Befürchtungen bei der Aufnahme von Asylsuchenden zählt auch heute noch der Familiennachzug bei subsidiär schutzberechtigten Flüchtlingen. Der Tenor der Argumentation lautet: Wir nehmen aus humanitären Gründen einen auf und haben kurz darauf eine ganze Großfamilie zu versorgen. Schlimmer noch: Die Familie schickt bewusst einen Einzelnen nach Deutschland – typischerweise einen jungen Mann, weil der am meisten Chancen hat, durchzukommen –, der die Aufgabe hat, so rasch wie möglich die gesamte Familie nachzuholen.

Der subsidiäre Schutz ist ohnehin politisch umstritten, weil er Flüchtlingen zuteil wird, die letztlich nach der Genfer Flüchtlingskonvention überhaupt keinen Schutzstatus in Deutschland bekommen. Sie sollen dennoch aufgenommen werden, weil ihnen in ihrer Heimat die Todesstrafe, Folter oder eine ernsthafte Gefahr durch Krieg droht. Der Großteil der Flüchtlinge mit subsidiärem Schutz in Deutschland stammt aus Syrien; dort herrscht unzweifelhaft Krieg.[92]

Zwischen März 2016 und Juli 2018 wurde der Familiennachzug für diese Gruppe als Teil des sogenannten Asylpakets II ausgesetzt. Die Bundesregierung wollte angesichts des Widerstands in der Bevölkerung über den Asylansturm politische Signale der Abwehr oder jedenfalls Begrenzung setzen. Im Frühjahr 2018 beschloß die Regierung schließlich das Familiennachzugsneuregelungsgesetz.[93] Es räumte den subsidiär anerkannten Flüchtlingen allerdings nicht denselben Status wie vor März 2016 ein. Bis dato hatten alle anerkannten Flüchtlinge, also auch die subsidiären, das Recht, die Mitglieder ihrer Kernfamilie – Ehepartner und minderjährige Kinder – nachzuholen. Das wird seit Sommer 2018 durch ein Kontingentverfahren deutlich eingeschränkt.

Nach dem zu dieser Zeit üblichen Streit in der Regierung – die SPD beharrte auf dem Nachzug, die CSU wollte ihn am liebsten ganz abschaffen – einigte sich die große CDU/CSU/SPD-Koalition auf ein Kontingent in diesem Zusammenhang von maximal 1.000 Einreisevisa pro Monat. Das Bundesinnenministerium hielt in einem Rundschreiben an die Ministerien der Länder fest: „Aufgrund dieser zahlenmäßigen Beschränkung werden nicht alle Familienmitglieder sofort nachziehen können." Weitere Einschränkungen: Ehepaare mussten nachweisen, dass sie bereits vor der Flucht geheiratet haben, die nachziehenden Verwandten durften nicht als „Gefährder" eingestuft werden, der Nachzug von Kindern zu ihren bereits in Deutschland lebenden Geschwistern war grundsätzlich ausgeschlossen und wer seinen Ehepartner oder seine Kinder nachholen wollte, durfte nicht selbst bereits im Begriff sein, weiterzuziehen, etwa in ein anderes EU-Land. Darüber hinaus sollte beim Nachzug laut Gesetz das Kindeswohl besonders stark berücksichtigt werden. Geprüft wurde zudem, ob die in Deutschland lebenden Verwandten ihren eigenen Lebensunterhalt teils oder ganz selbst verdienen konnte.[94]

Angesichts der um sich greifenden Furcht vor Überfremdung – ob gerechtfertigt oder nicht – schienen dies politisch sinnvolle Kriterien zu sein. Das UNO-Flüchtlingshilfswerk UNHCR sah das allerdings anders und warnte noch am Tag vor Inkrafttreten des Gesetzes vor „intransparenten und bürokratisierten Verfahren."

Dabei waren die bürokratischen Hürden bei der Umsetzung des Gesetzes mindestens ebenso hoch wie die politischen Gräben tief. Im August 2018, dem ersten Monat, in dem die Kontingentierung galt, wurden gerade einmal 65 Anträge auf Familiennachzug positiv beschieden und 42 Visa an nachzugsberechtigte Angehörige ausgegeben. Die Behörden kamen bei der Bearbeitung der Anträge nicht nach.

Tatsächlich lagen im Sommer 2018 nämlich bei den deutschen Botschaften und Konsulaten im Ausland knapp 41.000 Terminanfragen wegen Familiennachzug vor. Über die Hälfte davon kam allein aus der libanesischen Hauptstadt Beirut. Im Mai 2018 lagen mit 26.000 noch deutlich weniger Terminanfragen zum Familiennachzug vor. Anders ausgedrückt: Die Einführung des Kontingents von maximal 1.000 Nachzüglern im Monat führte nicht zu einer Reduzierung, sondern ganz im Gegenteil geradezu zu einem Ansturm. Die Behörden waren – wieder einmal – völlig überlastet. Daran änderte auch nichts, dass in den ersten fünf Monaten der Anlaufphase – also von August bis Dezember 2018 – das Kontingent auf insgesamt 5.000 Personen festgesetzt wurde; kamen in einem Monat weniger als 1.000, konnten es im nächsten Monat entsprechend mehr Nachzügler sein.[95]

Die Langsamkeit der Bürokratie hing damit zusammen, dass dem Zuzug eine umfassende Prüfung vorausging. Die Anträge der Angehörigen mussten vollständig sein, bevor sie in zwei Stufen geprüft wurden, erst von den deutschen Botschaften und Konsulaten in den Herkunftsländern, dann von den Ausländerbehörden in Deutschland. Danach kam es zur Auswahl der Anträge im Bundesverwaltungsamt, bevor die Vorgänge wieder an die deutschen Auslandsvertretungen zurückgegeben wurden, um die entsprechenden Visa auszufertigen. Mit dem Visum mussten die Antragsteller binnen drei Monaten zu ihren Verwandten nach Deutschland einreisen. Aber allein die Bearbeitung aller Anträge aus den Vorjahren – das waren mehrere Tausend – war aufwendig.

## Asylbilanz 2018: Reguläre Einreise wird zur Regel

Das European Asylum Support Office (EASO), also das Europäische Unterstützungsbüro für Asylfragen als Gemeinschaftsagentur der Europäischen Union, stellte für das Jahr 2018 fest: Beinahe jeder fünfte Asylantrag kam von Staatsangehörigen eines Landes, dessen Bürger ohne Visum regulär in die Schengenzone kommen durften. Vor allem die Zahl der Antragsteller aus den Ländern Lateinamerikas und des Westbalkans nahm laut EASO 2018 stark zu. Allein die Zahl der Asylbewerber aus Venezuela, die ohne Visa in die EU einreisen durften, verdoppelte sich 2018 gegenüber dem Vorjahr auf 22.200 Anträge. Weitere fast 20.000 visafrei eingereiste Antragsteller stammten aus Georgien, 10.200 aus Kolumbien und etwa 21.900 aus Albanien. Man muss wissen: Venezuela, Georgien und Kolumbien gehörten zu den Ländern, aus denen Menschen mit einem biometrischen Pass ohne Visum in die Schengenzone einreisen durften. Die Zahl solcher Asylanträge nach visafreien Einreisen erhöhte sich den Angaben zufolge 2018 EU-weit um fast ein Drittel auf etwa 115.000. Diese Zahl übertraf 2019 bereits die Summe der Asylanträge von Flüchtlingen aus Syrien und dem Irak.[96]

Damit wurde klar: Selbst, wenn der Krieg in Syrien in ferner Zukunft zu Ende gehen sollte, würde die Migration in die Europäische Union nicht aufhören, sofern nicht weitere Maßnahmen unternommen werden.

## 20 statt 40.000 Migranten zurückgeschickt

Der Beinahebruch der Regierungskoalition 2018 an der Migrantenfrage stellte sich übrigens im Nachhinein als Makulatur heraus. Innenminister Horst Seehofer pochte 2018 darauf, dass alle Asylbewerber, die bereits in einem anderen EU-Land einen Asylantrag gestellt haben, an der Grenze zurückgewiesen werden. Es war von schätzungsweise 40.000 Migranten die Rede, die davon betroffen waren. Bundeskanzlerin Angela Merkel lehnte ab und versprach „wirkungsgleiche" Verabredungen mit den anderen EU-Staaten, damit diese die Asylbewerber in diesen Fällen freiwillig zurücknähmen. Beim Nachzählen im Jahr 2019 kam die Ernüchterung: Statt der 40.000 wurden lediglich 20 (20, nicht 20.000) Asylbewerber zurückgeschickt, 18 nach Griechenland, zwei nach Spanien. Derweil registrierten die Behörden 2019 pro Monat mehr als 10.000 neue Asylsuchende in Deutschland.[97] Von einer „Asylwende", wie sie Horst Seehofer 2018 in Aussicht gestellt hatte, konnte also ein Jahr später keine Rede mehr sein.

Während die Politik diskutierte, kam es zu immer mehr gewalttätigen Entladungen: Ein radikaler Teil der Bevölkerung wehrte sich gegen die vermeintliche Überfremdung, angestachelt von einer politischen Kaste, die Asylanten und Migranten als „Teufelswerk" diffamierte. Das war die Lage in Deutschland und anderen Ländern Europas, bevor das Coronavirus im Frühjahr 2020 die ganze Welt in seinen Bann nahm. Über Nacht waren Asylanten und Migranten kein Thema mehr, es ging nur noch um das Virus, seine Folgen und mögliche Maßnahmen zur Bekämpfung. Doch damit war die Flüchtlingskrise nicht gelöst, wie im nächsten Kapitel dargestellt wird.

# Die ditte Flüchtlingskrise der 2020er

Die Jahre 2020/21/22 standen für die erste und bislang größte globale Katastrophe der Menschheit im 21. Jahrhundert. Nie zuvor fühlten sich Milliarden von Menschen gleichzeitig dem Tod so nahe wie in diesen Jahren. Die Coronavirus-Pandemie war eine Zäsur. Daraus ist das Potenzial für eine dritte Flüchtlingskrise erwachsen,

## Ein Virus rast um die Welt

Binnen weniger Monate raste ein Virus rund um den Globus und löste die schnellste weltweite Massenhysterie in der Geschichte der Menschheit aus. Das hatte einen einfachen Grund: Die Menschen fühlten sich hilflos einer todbringenden Krankheit ausgesetzt, gegen die es lange Zeit keine Impfung und keine Medikamente gab. Es war diese Hilflosigkeit, die weit über die rationale Abwägung der Ansteckungsgefahr und der Wahrscheinlichkeit, tatsächlich daran zu sterben, die Welt in Schockstarre versetzte.

In atemberaubender Geschwindigkeit wandelten sich Demokratien zu Herrschaftsstaaten, in denen die Regierungen den Bürgern so schnell so viele Freiheitsrechte wegnahmen, dass das Wort von der „Corona-Diktatur" die Runde machte. Grundrechte wie etwa die Versammlungsfreiheit oder das Recht, sich mit Personen seiner Wahl zu treffen, wurden über Nacht abgeschafft. Das öffentliche Leben kam zum Stillstand. Geschäfte, Schulen, Gaststätten, Hotels und sogar öffentliche Plätze wurden von heute auf morgen geschlossen. Noch nie waren so viele Volkswirtschaften in so vielen Ländern gleichzeitig so schnell auf den Abgrund zugerast – trotz staatlicher Unterstützungsprogramme noch nie dagewesenen Ausmaßes.

Deutschlands Lockdown oder Shutdown, die radikale Abschaltung praktisch allen gesellschaftlichen und wirtschaftlichen Lebens im Frühjahr 2020, führte zu einer Art Kernschmelze der Wirtschaft. Schon in den ersten zwei Wochen nach Beginn des historisch einmaligen Shutdown der gesamten Volkswirtschaft meldeten beinahe eine halbe Million Unternehmen Kurzarbeit an. Im Nachbarland Österreich führte das Experiment, eine Volkswirtschaft „mal eben“ abzuschalten, binnen eines Monats zum höchsten Arbeitslosenstand seit 1946. Vor allem die Kettenreaktionen richteten insbesondere in Deutschland zuvor unvorstellbare Schäden an. Produktionsnetzwerke kollabierten, Lieferketten rissen, Abertausende von Mittelständlern, Kleinbetrieben, Selbstständigen und Freiberuflern schlitterten in die Insolvenz – alles als direkte Folge der Quarantäne-Ökonomie. Jeder Ausfall multiplizierte sich über alle anderen davon Betroffenen. Die Wirtschaft ist keine Behörde, die man für einige Zeit einfach schließen und danach mit ausreichend Geldmitteln wieder einschalten kann. Wirtschaft funktioniert eher wie ein lebendiger Organismus; ein Organ, das einmal abgestorben ist, lässt sich danach nicht mehr wiederbeleben.[98]

Eine Umfrage von ifo Institut und FAZ unter 155 Ökonomen mitten im Shutdown zu einer möglichen Rezession lässt sich wie folgt zusammenfassen: genaues weiß man nicht.[99] Vereinfacht gesagt unterscheiden die Ökonomen zwischen den Modellen L, V und U, wobei die Buchstabenform den Wirtschaftsverlauf beschreibt. L steht also für Absturz und unten bleiben, V für schnellen Abstieg und ebenso schnelle Erholung und U für langsamen Ab- und Aufstieg. Doch die 2020er Jahre werden wohl eher von einer vierten Variante bestimmt: einem W als Symbol für den abwechselnden Auf- und Niedergang. Schon 2020 blieb es nicht beim ersten Lockdown im Frühjahr; kurz vor Weihnachten folgte eine weitere Totalabschaltung, die sich weit in das Jahr 2021 hineinzog. In das Jahr 2022 ging die Welt – und Deutschland – mit Maskenpflicht, Abstandsregeln und der Diskussion um einen Impfzwang.

## Schuld sind die Chinesen und die Migranten

Und wer ist schuld? In erster Linie die Chinesen, weil sie das Virus entweder im Labor gezüchtet oder sich von Wildtieren eingefangen und die ganze Welt verbreitet haben, lautete eine 2020/21 gängige Antwort auf die Schuldfrage. Und warum breitete sich das Virus in Deutschland trotz aller Eindämmungsmaßnahmen hierzulande beinahe ungehemmt aus? Weil bei arabischen Hochzeiten und türkischen Geburtstagsfeiern sämtliche Gebote zum Abstand halten und Mund-Nasen-Schutzmaske tragen, ignoriert werden, antwortete die *Bild*-Zeitung im Frühjahr 2021. Laut *Bild* hatten bis zu 90 Prozent der Corona-Intensivpatienten in deutschen Krankenhäusern einen Migrationshintergrund. Die Redaktion berief sich dabei auf Lothar Wieler, den Chef des Robert-Koch-Instituts (RKI), das die Bundesregierung in der Pandemie fortlaufend beriet. Schlimmer noch: Wie *Bild* berichtete, beklagt Wieler in internen Gesprächen, dass die hohen Corona-Fallzahlen unter Menschen mit Migrationshintergrund „tabuisiert" würden, es sich aber um ein „riesengroßes Problem" handle. Sprachliche Barrieren würden

den Umgang mit den Erkrankten, aber auch die Prävention erschweren. Mit anderen Worten: Die Migranten verstehen den Ernst der Lage gar nicht, halten sich nicht an die gebotenen Regeln und sind daher nicht nur an ihrem eigenen Schicksal Schuld, sondern legen aufgrund ihres unverantwortlichen Verhaltens auch ganz Deutschland lahm, weil durch sie die Infektionszahlen hoch bleiben.[100] Ob an dieser Argumentation auch nur ein Körnchen Wahrheit enthalten war oder nicht, war für die Wirkung völlig unerheblich. Und die Wirkung war gewaltig, weil es diejenigen, die „schon immer wussten“, dass „Asylanten und Migranten irgendwie schuld sind“, naturgemäß befeuerte. Hinzu kam die Angst, dass neu einströmende Asylsuchende mit dem Virus infiziert sein könnten.

Die Coronajahre 2020/21, in denen der Fokus der Medien nur auf einen einzigen Themenkomplex gelenkt war – das Virus, seine Verbreitung, seine Eindämmung, den Lockdown und die Folgen sowie die Impfstoffe und ihre Risiken –, identifizierte „die Chinesen“ und „die Migranten“ als Schuldige. Allerdings sank in diesen Jahren auch die Zuwanderung, weil die Grenzen wegen der Coronaschutzmaßnahmen dichter gemacht wurden – bevor es 2022 erneut zu einer groß angelegten Öffnung der EU-Grenzen für die Flüchtlinge aus der Ukraine kam.

## Keine Pause für die Migration

Die Flüchtlingswelle aus der Ukraine hat verdeutlicht, dass der zuvor entstandene Eindruck, die Migration hätte eine Pause gemacht, falsch ist. Wir haben in den 2020er Jahren mutmaßlich eine Migrationswelle zu erwarten, die alles, was wir zwischen 2015 und 2019 erlebt haben, noch weit übersteigen wird.

In den USA wird der Einwanderungsdruck aus Lateinamerika unter Präsident Joe Biden nicht nachlassen, sondern ganz im Gegenteil weiter zunehmen. Hat Trump mit rüpelhaften Worten klargestellt, dass er rigoros niemanden ins Land lassen will, so schlug Biden gemäßigtere Töne. Doch genau das ermunterte die Menschen in ärmeren Regionen, die keine oder wenig Aussichten für sich sahen, wenn sie da blieben, wo sie sich befanden, den Marsch in reichere Nationen wie die USA anzutreten. Konnte Trump sie schon kaum abschrecken, so zog Biden sie geradezu an. Ein ähnliches Phänomen ist in Europa zu beobachten und wird sich in den 2020er Jahren weiter verstärken. Denn die Corona-Pandemie, die augenscheinlich die Welt in Schockstarre versetzte, und auf den ersten Blick auch die Flüchtlingsströme zum Versiegen brachte, bildet in Wahrheit den Nährboden für eine weltweite Flüchtlingskrise noch nie dagewesenen Ausmaßes.

## 2,7 Milliarden Menschen sind schutzlos

Das Welternährungsprogramm (WFP) der UNO schätzt, das die Auswirkungen der Pandemie 2020/21/22 weltweit rund zehn Millionen Kinder in den Hunger trieb. Über alle Altersgruppen hinweg waren in Afrika schon vor der Pandemie rund 250 Millionen Menschen dem Hunger preisgegeben.[101] Das Coronavirus breitete sich auf dem afrikanischen Kontinent seit 2020 vergleichsweise langsam aus, weil viele Länder von den Auswirkungen in Asien, Europa und den USA vorgewarnt frühzeitig ihre Grenzen dicht machten und das öffentliche Leben herunterfuhren. So befanden sich Anfang Mai 2020 42 der 54 Länder des Kontinents im Lockdown.[102] Indes könnte Corona für etwa 30 Millionen Hungernde und rund 300.000 Tote verantwortlich sein. Eine solche „Hunger-Pandemie" in Afrika erscheint aus europäischer Sicht zunächst weit weg. Aber wenn es dort vermehrt zu Hungersnöten und zu Unruhen und infolgedessen zu Bürgerkriegen und unkontrollierbaren Flüchtlingsbewegungen kommt, dann ist davon auch die EU betroffen.[103]

Alle diese Faktoren zusammengenommen kosteten in ärmeren Ländern nicht nur Millionen von Menschen das zuvor schon karge Leben, sondern brachten auch die dortigen wirtschaftlichen Aktivitäten zum Erliegen. Weltweit waren Schätzungen zufolge 2,7 Milliarden Menschen schutzlos in der Coronakrise.[104] Das wird sehr weitreichende geopolitische Auswirkungen haben.

Die Pandemie 2020/21/22 zeigt nämlich nicht nur die Hilfslosigkeit einem neuartigen Virus gegenüber, sondern mindestens ebenso deutlich die weltweiten Abhängigkeiten. Bereits 1988 sagte der amerikanische Molekularbiologe und Nobelpreisträger Joshua Lederberg: „Der Erreger, der gestern ein Kind auf einem fernen Kontinent befallen hat, kann morgen eine globale Pandemie auslösen."[105] Anders ausgedrückt: Erst wenn das letzte noch so weit entlegene Dorf in Afrika, Asien oder Südamerika Corona-frei ist, kann unsere Welt zur Normalität zurückkehren. Diese Erkenntnis ist im Grunde nichts neues und sie hätte 2020, 2021 und 2022 eigentlich zu einer gemeinsamen Anstrengung aller Staaten führen sollen, das Virus zu bekämpfen.

Doch stattdessen trat die Nationalstaatlichkeit so stark zutage wie lange zuvor nicht. Wenn Corona also ein Zukunftstest für das Zusammenwirken der Staatengemeinschaft war, dann hat ihn kein Land bestanden. Das hat nicht nur Auswirkungen auf den Kampf gegen die Virusausbreitung, sondern dürfte auch ein böses Omen für alle künftigen Weltkrisen sein, die die Menschheit bedrohen, beispielsweise die Umwelt- und Klimakatastrophe sowie die Migrationsströme. Das Verständnis, dass entweder die gesamte Menschheit gerettet wird oder sie eben gemeinsam untergeht, ist kaum ausgeprägt. Der Warnschuss 2020/21/22 verhallte ungehört.

## Weltwirtschaft am Ende

Das Kieler Institut für Weltwirtschaft schätzte die Coronaverluste für die deutsche Volkswirtschaft auf 40 bis 50 Milliarden Euro.[106] Dennoch kam Deutschland als breit aufgestellte Industrienation mit einem ausprägt unternehmerischen Mittelstand einigermaßen glimpflich aus der Pandemie heraus. Hingegen zeichnete der Internationale Währungsfonds (IWF) für die Weltwirtschaft ein deutlich düsteres Bild. „Wir erwarten die schlimmsten wirtschaftlichen Konsequenzen seit der Großen Depression", sagte IWF-Chefin Kristalina Georgieva noch während der Pandemie im Hinblick auf die 2020er Jahre.[107] Selbst im besten Fall ist ab 2021 nur eine „teilweise Erholung" zu erwarten – und das, obgleich die Regierungen rund um den Globus schon vor Mitte 2020 Rettungsschirme in Höhe von acht Billionen Dollar aufspannten.[108] Weitere deutliche Erhöhungen gelten als sicher. Allein die USA kalkulierten 2020 mit gut einer Verdreifachung ihres Haushaltsdefizits auf rund 3,7 Billionen Dollar.[109] Großbritannien vermeldete den größten Wirtschaftseinbruch seit 300 Jahren. Nur 1706 fiel die britische Wirtschaft wegen des spanischen Erbfolgekriegs ähnlich tief.[110]

Die steigenden Schulden und das damit verbundene Risiko von Zahlungsausfällen werden die Welt bis 2030 prägen. Dazu addieren sich in den Industrienationen die Folgen der demografischen Entwicklung: Immer ältere Menschen, die immer länger leben, werden die Gesundheits- und Sozialversicherungssysteme aller hochentwickelten Volkswirtschaften an den Rand ihrer Funktionsfähigkeit bringen. Die steigenden Migrationsströme und ihre wirtschaftlichen und sozialen Folgen können in dieser sich zuspitzenden Situation das Fass zum Überlaufen bringen.

## Gesundheits- und Wirtschaftssysteme zerbrechen

Der IWF erwartet für die 2020er Jahre ein sinkendes Pro-Kopf-Einkommen in 170 Ländern. Besonders die Schwellen- und Entwicklungsländer haben mehr als die Industrienationen unter den Folgen der Corona-Krise zu leiden. Viele Länder in Afrika, Asien und Lateinamerika waren schon in der Pandemie unter ihren schwachen Gesundheitssystemen praktisch zusammengebrochen. Erschwerend kam hinzu, dass die Investoren 2020 mehr als 100 Milliarden Dollar aus diesen Ländern abgezogen haben, dreimal soviel wie in der gleichen Zeit der globalen Finanzkrise. Angesichts der stark gesunkenen Rohstoffpreise werden die Schwellen- und Entwicklungsländer Billionen von Dollar benötigen, um ihre Bevölkerungen und ihre Volkswirtschaften zu retten.[111] Freilich wird die Deglobalisierung der 2020er Jahre ein langer Prozess werden – und solange hängen die reichen Volkswirtschaften der Industrienationen eng von der Situation in den ärmeren Ländern ab. Versorgungsketten, Märkte, Betriebsstätten, alles ist über Jahre hinweg weltweit verteilt worden, und lässt sich nicht auf einen Schlag zurückdrehen.

Im Tode sind alle Menschen gleich. Aber die Ärmsten der Armen sind von der Pandemie 2020/21/22 um ein Vielfaches schlimmer betroffen als die Industrienationen. Sie sind einem höheren Todesrisiko angesichts der Pandemie ausgesetzt und ihre Volkswirtschaften werden viel länger brauchen, um sich von der Katastrophe zu erholen. Für diese Länder ist das ganze Jahrzehnt von der Pandemie und den Folgen geprägt. Man muss wohl von einem Jahrzehnt der Verzweiflung für Millionen, wenn nicht Milliarden von Menschen sprechen.

## Neue Flüchtlingskrise der 2020er Jahre

Man muss kein Prophet sein, um zu prognostizieren, dass die durch das Coronavirus ausgelöste Armut in vielen Ländern dieser Erde neue Flüchtlingswellen auslösen wird. In einer Zeit, in der Massenflucht und Zeltlager als massive gesundheitliche Bedrohung der eigenen Bevölkerung anzusehen sind, werden immer weniger Staaten bereit sein, Flüchtlinge egal aus welchen Ländern bei sich aufzunehmen. Syrien, Ägypten, Jordanien, Iran, Ecuador, Venezuela und viele Länder mehr sind betroffen. Es ist abzusehen, dass die Flüchtlingsströme aus Zentralamerika nach Mexiko sowie aus dem Nahen und Mittleren Osten und sicherlich auch Afrika wieder anschwellen werden. Millionen wenn nicht Milliarden von Menschen werden versuchen, die „roten Zonen", in denen es keine ausreichend gesundheitliche Versorgung und keine wirtschaftliche Lebensgrundlage mehr gibt, zu verlassen.

Schon vor dem Jahr 2020 waren über 70 Millionen Menschen weltweit auf der Flucht, mehr als jemals zuvor.[112] Die Corona-Krise hat diese Situation dramatisch verschärft.

## Massenmigration aus dem Magreb

Beispielhaft für die Situation ist seit 2021 der Ansturm aus den Magrebstaaten in Nordwestafrika. Dazu zählen Tunesien, Algerien, Marokko und Westsahara, je nach Betrachtung auch Libyen und Mauretanien. Dort stehen Millionen junger Männer bereit, sich auf den Weg nach Europa zu machen, weil die Lage in ihren Ländern schlichtweg aussichtlos erscheint. Allein im kleinen Tunesien waren 2021 rund eine Million Menschen arbeitslos. Jährlich verlassen etwa 100.00 Kinder und Jugendliche vorzeitig die Schule. In Algerien und Marokko ist die Situation leicht besser. Aber in keinem diesen Ländern gibt es für junge Menschen Zukunftsaussichten. Dennoch sind die Magrebstaaten selbst einer zunehmenden Migration aus den Ländern südlich der Saraha ausgesetzt. Allein in Libyen leben Hunderttausende von afrikanischen Migranten, von denen viele nach Europa weiterziehen wollen.

Das alles war 2021 nicht neu, aber die Coronakrise hat die Lage dramatisch verschärft. Es ist verständlich, dass es diese Menschen zuhauf nach Europa zieht. So machen sich unzählige Menschen mit Booten von der Küste Nordafrikas nach Europa auf. Schon im Vorjahr 2020 ist es laut offiziellen Zahlen rund 13.000 jungen Tunesiern gelungen, allein in Italien irregulär einzureisen. Tatsächlich dürften es mehr als 20.000 gewesen sein.[113]

Um die Migrationskatastrophe aufzuhalten, gibt es im Grunde nur zwei Möglichkeiten: einerseits gilt es, Arbeitskräfte in den Magrebstaaten zu schaffen, und andererseits eine Art „Mauer“ im Mittelmeer zu errichten, um das Durchkommen von Afrika nach Europa über das offene Meer zu unterbinden. Vermutlich wird eine einigermaßen befriedigen Lösung überhaupt nur zu erreichen sein, wenn beides passiert. Doch der wirtschaftlichen Prosperität in Nordafrika wird schon seit Jahrzehnten versucht, auf die Beine zu helfen. Das Projekt einer Magreb-Union als ersten Schritt in die richtige Richtung scheitert seit vielen Jahren am Westsaharakonflikt und den damit verbundenen Spannungen zwischen Marokko und Algerien. Der Westsaharakonflikt besteht zwischen Marokko einerseits und der militärisch-politischen Organisation Frente Polisario andererseits. Marokko beansprucht Westsahara als Teil seines Staatsgebietes, während die Polisario die Unabhängigkeit des gesamten Territoriums anstrebt. Sie hat 1976 die Demokratische Arabische Republik Sahara ausgerufen, die zunächst von etwa 80 Staaten anerkannt wird, von denen etwa 30 die Anerkennung wieder zurückziehen bis zu einer Lösung suspendieren.

Und das ist nur ein einziges Beispiel für die Vielzahl der Konflikte in Nordafrika, aber auch in anderen Teilen Afrikas, die über Jahrzehnte hinweg unlösbar geblieben sind und sich in der Coronakrise 2020/21 drastisch verschärften.

Jeder einzelne davon übt schon einen enormen Migrationsdruck vor allem auf die Jungen in der dortigen Bevölkerung aus. Zusammengenommen stellen sie ein schier unvorstellbares Migrationspotenzial auf dem Weg nach Europa dar. Als ob das nicht schon genug Stoff für einen ganzen Problemband wäre, kam Anfang 2022 das militärische Vorpreschen Russlands in der Ukraine als Erschwernisfaktor hin. Der erneut heiß entflammte „Kalte Krieg“ ist geeignet, neue Fluchtbewegungen aus den betroffenen Regionen in Osteuropa gen Westen auszulösen.

## Krieg um die Ukraine mit Vorwarnung

Es drohe ein großangelegter Krieg, warnte der ukrainische Präsident Petro Poroschenko schon Ende 2018. Wenige Wochen zuvor – am 26. November 2018 – hatte er das Kriegsrecht über die Ukraine verhängt, als Antwort auf eine massive Konzentration russischer Truppen entlang der Grenze zwischen beiden Ländern. Während die EU in ersten Äußerungen mögliche neue Sanktionen gegenüber Russland ins Spiel brachte, warnte der stellvertretende russische Außenminister Alexander Gruschko den Westen ausdrücklich vor diesem Schritt. Anfang 2022 stellte sich die Lage nicht viel anders auf, auf jeden Fall nicht friedlicher. Die internationale Staatengemeinschaft hatte die vergangenen drei Jahre nicht genutzt, sicherlich auch abgelenkt durch die Coronakrise, um die Lage in der Ukraine zu deeskalieren. Immerhin gab es mahnende Worte, einen erneuten Kalten Krieg unter allen Umständen zu verhindern.

## Kein Tag ohne Besorgnis

Auch dem UNO-Generalsekretär António Guterres ließ der drohende Krieg keine Ruhe, er äußerte sich sehr besorgt, wieder einmal. Tatsächlich verging kaum ein Tag, an dem er nicht seine Besorgnis über irgendeine Entwicklung auf der Welt öffentlich ausdrückte. Konflikte, Kriege, Dürre, Hungersnöte, Flüchtlinge, humanitäre Katastrophen – es gibt nichts, was der UNO-Generalsekretär nicht entweder verurteilt oder bedauert oder beides. Es ist gut, dass jemand in dieser bedeutungsvollen Position auf das Elend und die Kriegstreiberei in der Welt aufmerksam macht. Aber abgesehen vom Bedauern und Ermahnen sind die Auswirkungen in der Regel vernachlässigbar. So auch beim

Aufflammen der Ukraine/Russland-Krise seit Ende 2018, zu der Guterres in New York erklärte, eine weitere Eskalation müsse auf jeden Fall vermieden werden und beide Seiten müssten sich zurückhalten und sofort Schritte zur Reduzierung der Spannungen unternehmen. Zu diesem Zeitpunkt, Ende 2018, hatte der bewaffnete Konflikt in der Ukraine bereits mehr als 10.000 Menschen das Leben gekostet.[114]

Die Krise 2018/2019/2020/2021/2022 hatte am 25. November 2018, dem Totensonntag, mit einer Marine-Konfrontation im Schwarzen Meer begonnen. Die russischen Streitkräfte hatten drei ukrainische Marineschiffe beschossen und aufgebracht. Dabei wurden mehrere ukrainische Marinesoldaten verletzt und weitere festgenommen. Russlands Präsident Wladimir Putin und der ukrainische Präsident Petro Poroschenko stellten die Vorgänge auf See völlig unterschiedlich dar. Was genau passiert war, blieb unklar. Aber wenn ein Krieg ausbricht, ist die Frage, wer ihn begonnen hat, zweitrangig nach der Frage, wie er eingedämmt und beendet werden kann.

## Annäherung an die EU scheitert

Der Krieg in der Ukraine ging mit einer Eskalation ins Jahr 2019 und stellte sich Anfang 2022 noch dramatischer dar, aber er begann lange zuvor im Jahr 2004, als der damalige ukrainische Präsident Wiktor Juschtschenko bekundete, dass sein Land eine baldige Mitgliedschaft in der Europäischen Union anstrebe. Am 9. September 2008 trafen die Ukraine und die EU tatsächlich eine weitreichende Vereinbarung über ein Assoziierungsabkommen.[115]

Die Europäische Kommission ließ verkünden: „Die EU strebt eine zunehmend engere Partnerschaft mit der Ukraine an, die die allmähliche wirtschaftliche Integration und eine Vertiefung der politischen Zusammenarbeit zum Ziel hat.“[116] Umso überraschender kam die Ankündigung der ukrainischen Regierung im November 2013, das Assoziierungsabkommen mit der Europäischen Union vorerst nicht unterzeichnen zu wollen. Daraufhin brachen in der Ukraine Bürgerproteste aus, der sogenannte Euromaidan, die sich über Monate hinweg immer weiter verstärkten und von der ukrainischen Polizei mit exzessiver Gewalt bekämpft wurden.[117]

In dieser Lage sah die russische Regierung augenscheinlich ihre Chance gekommen, die Annäherung der Ukraine an die Europäische Union zu unterbinden und sich selbst zumindest Teile der Ukraine einzuverleiben, vor allem die ostukrainischen Verwaltungsbezirke Oblasten Donezk und Luhansk. In beiden Gebieten begannen prorussische Kräfte auf die Abspaltung hinzuwirken. Unklar blieb, in welchem Umfang genau die russische Regierung die aufkommenden Unruhen anfachtete, aber klar war, dass in die Kampfhandlungen von Russland unterstützte Milizen, reguläre russische und ukrainische Truppen sowie Freiwilligenmilizen involviert waren. Der militärische Konflikt ging allem Anschein nach nicht von den Bewohnern aus – insofern kann man also nicht von einem Bürgerkrieg sprechen –, sondern von den bewaffneten Einheiten. Geradezu eine tödliche Posse spielte Russland, als Staatsmedien verkündeten, russische Soldaten seien freiwillig – teilweise sogar als Touristen – in das Kampfgebiet gereist und vor Ort als „Helden“ gestorben. Mehrere Fallschirmjäger seien aus Versehen in der Ukraine gelandet, spielte die russische Informationspolitik geradezu mit der Welt.[118] Die ukrainische Regierung erklärte die wohl rund 4.000 prorussischen Kämpfer für Terroristen.[119]

Doch Russland wehrte sich nicht nur militärisch, sondern auch diplomatisch. So verlangte der russische Präsident Wladimir Putin am 15. April 2014 in einem Telefonat mit dem damaligen UNO-Generalsekretär Ban Ki-moon, dass die Vereinten Nationen „das verfassungswidrige Vorgehen der Machthaber in Kiew verurteilen" müsse. Zuvor hatte bereits die Ukraine die UNO angerufen und den Einsatz von Blauhelmen gefordert. Dies lehnte Ban Ki-moon mit den Worten „Ohne ein klares Mandat des Sicherheitsrates können wir keinen Einsatz einleiten" ab. Dabei war dem UNO-Generalsekretär längst klar, dass angesichts des Vetorechts Russlands der Sicherheitsrat niemals einem Mandat in der Ukraine zustimmen würde. Die Vereinten Nationen saßen – wieder einmal – in der Vetofalle.

Immerhin beklagten die Vereinten Nationen im Juni 2014, also kurze Zeit später, massive Menschenrechtsverletzungen in der Ukraine.[120] Einen Monat später erklärte die UNO den totalen Zusammenbruch von Recht und Ordnung und sprach von einer Terrorherrschaft der bewaffneten Gruppen über die Bevölkerung mit Freiheitsberaubungen, Entführungen, Folterungen und Exekutionen.[121]

## Die UNO schaltet die OSZE ein – vergebens

Dennoch vermied die UNO eine über die Beobachtung und Kommentierung hinausgehende direkte Einmischung und trat den Konflikt an die ihr nach Kapitel VIII der UNO-Charta verbundene Organisation für Sicherheit und Zusammenarbeit in Europa (OSZE) ab, eine Art dauerhafte Staatenkonferenz zur Friedenssicherung. Wie der Name schon sagt, ist die OSZE primär für Europa zuständig – und damit durchaus für den Ukrainekonflikt –, allerdings gehören zu den 57 Teilnehmerstaaten, darunter alle Länder Europas einschließlich der Türkei und alle Nachfolgestaaten der Sowjetunion, auch die USA und Kanada. Damit spiegelt die OSZE in gewisser Weise die Fronten des Kalten Krieges wider und der Konflikt in der Ukraine entpuppte sich in der Tat als eine Art Wiederaufleben des in dieser Zeit längst vergessen geglaubten Kalten Krieges.

Der OSZE gelang es in keiner Weise, den militärischen Konflikt zu entschärfen. Selbst in der Zeit eines brüchigen Waffenstillstands – dem sogenannten „Protokoll von Minsk I" – ab September 2014, den die OSZE überwachte, starben binnen vier Monaten 1.300 Kämpfer und Zivilisten.[122] Auch nach einem erneuten Waffenstillstandsabkommen im Februar 2015 – Minsk II – hörten die Kämpfe nicht auf, sondern setzten sich Jahr für Jahr fort.

So registrierte die OSZE allein im Jahr 2017 über 400.000 (!) Verletzungen des Waffenstillstands. Das ist wie ein Schweizer Käse mit so vielen Löchern, dass man gar keinen Käse mehr sieht. Die OSZE hatte über 700 Beobachter im Einsatz, die Tag für Tag einen Bericht erstellten, in dem jedes noch so kleine Detail der Veränderung festgehalten wurde.[123] Das war angesichts der äußerst unübersichtlichen Lage zwar eine bürokratische Mammutaufgabe, brachte aber den Menschen in den umkämpfen Regionen keinen Deut an Linderung.

Es war von Anfang an recht offensichtlich, dass die Unterwanderung der Ukraine durch die russischen Truppen Teil eines Plans Russland war, sein mit dem Ende der Sowjetunion zusammengeschrumpftes Territorium wenigstens in kleinen Teilen wieder zu vergrößern. Schon im Februar 2014 kursierte ein Strategiepapier, das in sieben Punkten das mögliche russische Verhalten gegenüber der Ukraine beschrieb.[124] Kurze Zeit später fielen die ersten Truppen ohne Hoheitskennzeichen auf der Halbinsel ein. Es handelte sich offensichtlich um russische Truppen, wie Russlands Präsident Wladimir Putin rund ein Jahr später im russischen Staatsfernsehen zugab. Am 18. März 2014 wurde die Krim von Russland offiziell annektiert.[125]

## Krim gehört zu Russland seit Katharina der Großen

Aus russischer Sicht holte sich der Staat nur, was schon immer zu Russland gehörte. Schließlich wurde die Krim bereits am 8. April 1783 formell von der russischen Kaiserin Katharina II. – auch „Katharine die Große“ genannt – „von nun an und für alle Zeiten“ als russisch deklariert, nachdem sie die Halbinsel im russisch-türkischen Krieg von 1768 bis 1774 aus dem osmanischen Reich herausgelöst hatte. Seit der Annexion 2014 gehört die Krim faktisch wieder zu Russland, wenngleich die Staatengemeinschaft die Krim weiterhin als Autonome Republik innerhalb des ukrainischen Staatsgebiets einstufte. Das war auch die Haltung der Vereinten Nationen, als sie in der Resolution A/RES/68/262 der UNO-Generalversammlung mit dem Titel „Territoriale Integrität der Ukraine“ die Wahrung der territorialen Integrität der Ukraine innerhalb seiner international anerkannten Grenzen anmahnte.

Im UNO-Sicherheitsrat war eine entsprechende Resolution zunächst von Russland abgelehnt worden, so dass sich die Generalversammlung des Themas annahm.[126] Auswirkungen hatte die Resolution keine, einen Blauhelmeinsatz hätte ausschließlich der Sicherheitsrat beschließen können. Aber dafür gab es weder ein Mandat noch wäre ein Einsatz von UNO-Truppen gegen das russische Militär eine auch nur für einen Augenblick denkbare Option gewesen – das hätte aus dem sich anbahnenden neuen Kalten Krieg schlimmstenfalls einen echten Krieg entstehen lassen.

Darauf deutete auch die Neujahrsansprache des ukrainischen Staatschefs Wolodymyr Selenskij Anfang 2022 hin, der die Rückeroberung der 2014 von Russland annektierten Halbinsel Krim und die Rückerlangung der Kontrolle über die von prorussischen Separatisten besetzte Ostukraine in Aussicht stellte – beides militärische Ziele, die als kaum durchsetzbar galten.[127]

Als die frisch ins Amt gekommene deutsche Außenministerin Annalena Baerbock im Januar 2022 zum Antrittsbesuch in der Ukraine eintraf, hätte es eigentlich einen Grund zum Feiern gegeben: 30 Jahre diplomatische Beziehungen zwischen beiden Ländern. Doch die zu dieser Zeit massive Präsenz russischer Truppen in der Nähe der ukrainischen Grenze und die bedrohliche Rhetorik aus Moskau ließen keine Feierlaune aufkommen, sondern es herrschte die nackte Angst vor einem kurz bevorstehenden Krieg. Die deutsche Außenministerin stellte klar, dass Deutschland bereit sei, alles dafür zu tun, um die Sicherheit der Ukraine zu garantieren. Doch was könnte dieses „alles" sein? Dazu erklärte Annalena Baerbock: „Und der wirksamste Hebel, den wir haben, um der Ukraine den Rücken zu stärken, ist das unmissverständliche und vor allem das einstimmige Bekenntnis der EU, der G7, der NATO, dass jede weitere Aggression einen hohen Preis für das russische Regime hätte. Wirtschaftlich, politisch und strategisch."[128] Bundeskanzler Olaf Scholz bezeichnete die Lage an der ukrainisch-russischen Grenze als „sehr, sehr ernst. ... Eine militärische Aggression gegen die Ukraine würde schwerwiegende politische wie auch wirtschaftliche Konsequenzen nach sich ziehen. Deshalb ist es unsere Aufgabe, alles dafür zu tun, dass eine solche Entwicklung vermieden werden kann, unter der am Ende ja doch alle leiden müssen."[129]

Wie ernst Russlands Präsident Wladimir Putin diese Warnungen im Januar 2022 nahm, lässt sich daran abschätzen, dass er mehr oder minder zeitgleich die militärischen Muskeln in Richtung Europa überdeutlich spielen ließ.

## Russland greift an

Nach der aus russischer Sicht erfolgreichen Eroberung der Krim wurde 2022 klar, dass es der Kreml keineswegs dabei belässt. Schon seit Frühjahr 2021 kam es zu einer massiven Aufrüstung russischer Truppen entlang der ukrainischen Grenze mit rund 100.000 Soldaten.[130] Dadurch fühlte sich nicht nur die Ukraine, das nach Russland größte Land Europas, massiv bedroht.

Vor dem Hintergrund eines befürchteten russischen Angriffs auf die Ukraine und im Gegensatz zu Deutschland lieferte Großbritannien zum Jahreswechsel 2021/22 Waffen an das Land. „Wir haben entschieden, der Ukraine leichte defensive Panzerabwehrwaffen zu liefern", begründete der britische Verteidigungsminister Ben Wallace im Januar 2022, und betonte: „Es handelt sich nicht um strategische Waffen, und sie stellen keine Bedrohung für Russland dar. Sie sollen zur Selbstverteidigung eingesetzt werden".[131] Die Antwort aus Moskau folgte in jeder Hinsicht direkt: „Das ist äußerst gefährlich und trägt nicht zum Abbau der Spannungen bei."[132]

Ungefähr zur gleichen Zeit erklärte Schwedens Verteidigungsminister Peter Hultqvist im Fernsehen: „Ein militärischer Angriff auf Schweden kann nicht mehr ausgeschlossen werden." Er meinte damit einen Angriff Russlands. Schweden schickte Soldaten und Panzerfahrzeuge auf seine Ostsee-Insel Gotland und bereitete „sichtbare und nicht sichtbare Notfallvorbereitungen zur Verteidigung" vor, wie der Minister formulierte. Vorausgegangen war das Aufkreuzen von drei schweren Landungsschiffe der russischen Nordmeer-Flotte in der Ostsee, die sich mit drei Landungsschiffen aus Kaliningrad vereinten und allesamt durch die südliche Ostsee streiften.[133]

Wenige Tage zuvor hatte US-Präsident Joe Biden in einem Telefonat mit dem ukrainischen Staatschef Wolodymyr Selenskyj versichert, dass die USA und ihre Verbündeten entschlossen auf eine russische Invasion der Ukraine reagieren würden und US-Unterstützung für „die Souveränität und territoriale Integrität" der Ukraine bekräftigt.[134] Dem Gespräch mit der Ukraine war ein Telefonat mit Russlands Präsident Wladimir Putin vorausgegangen, in dem Biden erklärt hatte, die USA und ihre Verbündeten würden „entschlossen reagieren, sollte Russland weiter in die Ukraine einmarschieren". Über die Details einer solchen Reaktion ließ er die Welt allerdings im Unklaren. Putin blieb bei seiner formelhaften Drohung, dass sich

Russland zur Wehr setzen wird, falls die Ukraine oder westliche Staaten „rote Linien" überschreiten. Putin verstand darunter die Stationierung zusätzlicher Waffen in der Ukraine, die Verlagerung von Truppen auf NATO-Gebiet an die russische Grenze, etwa im Baltikum, oder gar die Aufnahme der Ukraine in die NATO.[135] Tatsächlich forderte Moskau umfassende Sicherheitsgarantien, darunter eine Zusage der NATO, dass die Ukraine nicht in das Militärbündnis aufgenommen wird. Genau dies lehnte die Allianz allerdings ab und forderte umgekehrt einen Abzug der russischen Truppen aus dem Grenzgebiet zur Ukraine.[136]

Einen möglichen russischen Einmarsch in die Ukraine brandmarkte US-Präsident Joe Biden Anfang 2022 als die „größte Invasion seit dem Zweiten Weltkrieg", der „die Welt verändern" würde. Als Reaktion drohten die USA zwar mit „heftigen Konsequenzen"; Biden stellt aber gleichzeitig klar, er habe „keine Absicht, US-Einheiten oder NATO-Einheiten in die Ukraine" zu entsenden. Vielmehr standen zu diesem Zeitpunkt wirtschaftliche Sanktionen im Vordergrund der US-Drohgebärden.[137]

Als ein Faustpfand galt die Gaspipeline Nord Stream 2 – die Frage war und ist jedoch: ein Faustpfand für welche Seite? Der ukrainische Staatskonzern Naftogaz betreibt ein 38.000 Kilometer langes Gasnetz durch das Land, das herkömmlicherweise auch russisches Gas nach Mitteleuropa transportiert. Mit der Pipeline Nord Stream 2, die mehrheitlich dem staatlichen russischen Gazprom-Konzern gehört, könnte das Gas direkt von Wyborg in Russland nach Lubmin bei Greifswald in Deutschland transportiert werden.[138] Die Ukraine wäre damit als „Gastransitland" ausgeschaltet und – Russland könnte die Gaslieferungen in die Ukraine schlichtweg einstellen. Bleibt die Pipeline außer Betrieb, stellt sich die Frage, ob Deutschland eher unter den ausfallenden Lieferungen oder Russland unter dem geringerem Gasabsatz zu leiden hätte. US-Außenminister Antony Blinken erklärte dazu im Januar 2022: „Einige mögen Nord Stream 2 als einen Hebel betrachten, den Russland gegen Europa benutzen kann. Tatsächlich ist es ein Hebel, den Europa gegen Russland einsetzen kann."

Zeitgleich stellte die deutsche Bundesregierung klar, dass eine Invasion Russlands in der Ukraine das Aus für den Gasimport über Nord Stream 2 bedeuten würde.[139] Am 22. Februar 2022 war es soweit: Der deutsche Bundeskanzler Olaf Scholz verkündete, dass seine Regierung Nord Stream 2 die Genehmigung versagen würden – als Reaktion auf den Einmarsch Russlands in die Ostukraine. Einen Tag später, am 24. Februar 2022, wurde klar: Russland machte nicht in der Ostukraine Halt, sondern marschierte weiter nach Westen, um das gesamte Staatsgebiet der Ukraine zu besetzen.

## Am 24. Februar 2022 bricht Krieg in Europa aus

Jahrzehntelang hatte in Europa Frieden geherrscht, seit dem 24. Februar 2022 war dies vorbei. In der Nacht vom 23. auf den 24. startete das russische Militär einen Großangriff auf die Ukraine.

Die ukrainische Hauptstadt Kiew liegt rund 750 Kilometer Luftlinie von Moskau entfernt. Ziel des russischen Einmarsches, der am 24. Februar 2022 begann, war es offenbar von Anfang an, Kiew einzunehmen, die ukrainische Regierung zu stürzen und das Land vollständig unter russische Fittiche zu bringen. Gleichzeitig gab sich der russische Präsident Wladimir Putin ebenfalls von Anfang an Mühe, den Krieg zu verharmlosen. Er bezeichnete ihn als eine „spezielle Militäroperation", die notwendig sei, um eine vom Westen initiierte Eskalation in der Ostukraine zu befrieden.

Putins Propagandamaschine war zunächst durchaus erfolgreich, dieses Narrativ in der eigenen Bevölkerung durchzusetzen. Am Tag des Kriegsbeginns veröffentlicht das russische Meinungsforschungsinstitut Lewada eine Umfrage, nach der 60 Prozent der Bevölkerung die USA und die Länder der NATO als Aggressoren im Osten der Ukraine einstuften.[140] Putin sprach von einem „Auslandseinsatz" seiner Soldaten und verkündete in einer Fernsehansprache: „Ich habe beschlossen, eine Sonder-Militäroperation durchzuführen." Er entspreche damit einer „schriftlichen Bitte der Chefs der Volksrepubliken Luhansk und Donezk um Beistand, um Angriffe der ukrainischen Armee abzuwehren". Er begründete: „Ziel ist der Schutz der Menschen, die seit acht Jahren Misshandlung und Genozid ausgesetzt sind. Dafür werden wir die Entmilitarisierung und die Entnazifizierung der Ukraine anstreben." Gleichzeitig forderte er die ukrainische Armee auf, sofort die Waffen nieder zu legen.[141] Es war eine für die Welt lächerliche Begründung, bestenfalls zur Verbreitung über die Staatsmedien als Rechtfertigung gegenüber der russischen Bevölkerung geeignet.

Während Putin mit seiner Rundum-Lüge verblüffte, erwarb sich der ukrainische Präsident Wolodymyr Selenskyi internationale Anerkennung durch seinen Mut. Der frühere Komiker war im April 2019 mit rund 73 Prozent zum Staatspräsidenten gewählt worden. Nach einer Nacht mit krachendem Bombenbeschuss in Kiew veröffentlichte er am 26. Februar 2022 ein 40 Sekunden langes Selfie-Video mit einer klaren Botschaft: „Ich bin hier. Wir werden die Waffen nicht niederlegen. Wir werden unseren Staat verteidigen." Zu diesem Zeitpunkt sollte Selenskyi nach Putins Willen schon längst von der Bildfläche verschwunden sein, getötet oder gefangen genommen. Wolodymyr Selenskyi so schnell wie möglich zu beseitigen war nämlich das wichtigste Ziel der Militärmaschinerie Putins beim Angriff auf Kiew.[142]

Nach anfänglichem Zögern gab Deutschland angesichts des rücksichtslosen Vormarsches der Russen seinen Grundsatz, keine Waffen in Krisengebiete zu liefern, auf. Am 26. Februar 2022 ermächtigte die deutsche Bundesregierung die Niederlande, 400 Panzerfäuste aus deutscher Produktion an die Ukraine zu liefern, um den Kampf gegen russische Angreifer zu unterstützen. Zudem wurden 500 Boden-Luft-Raketen vom Typ „Stinger" aus Bundeswehrbeständen in die Ukraine verbracht.[143] Hinzu kamen 14 gepanzerte Fahrzeuge und bis zu 10.000 Tonnen Treibstoff, die über Polen in die Ukraine ausgeführt wurden.[144]

Die Entscheidung Deutschlands, geradezu einer Kehrtwende, hing damit zusammen, dass das russische Verteidigungsministerium damit gedroht hatte „den Vormarsch in alle Richtungen auszudehnen", nachdem die Ukraine nach Darstellung der Russen Verhandlungen über einen Waffenstillstand abgelehnt hatte. Die Ukraine hingegen betonte, für derartige Verhandlungen offen zu sein, aber nicht unter Ultimaten oder unzumutbaren Bedingungen. Zu diesem Zeitpunkt hatte die Ukraine bereits rund 200 Kriegstote und mehr als tausend Verletzte zu beklagen.[145] Im Laufe des 27. Februar einigten sich beide Seiten auf die Aufnahme von Friedensverhandlungen.[146]

Zu diesem Zeitpunkt hatte sich Deutschland schon längst eindeutig auf die Seite der Ukraine geschlagen. Bundeskanzler Olaf Scholz verkündete dazu im Deutschen Bundestag an die Ukraine gerichtet: „Als Demokratinnen und Demokraten, als Europäerinnen und Europäer stehen wir an ihrer Seite - auf der richtigen Seite der Geschichte." Die Handlungen des russischen Präsidenten Wladimir Putin seien menschenverachtend, völkerrechtswidrig und „durch nichts und niemanden zu rechtfertigen". „Die himmelschreiende Ungerechtigkeit, der Schmerz der Ukrainerinnen und Ukrainer – sie gehen uns alle sehr nahe", so Scholz. Russlands Präsident Wladimir Putin habe „kaltblütig einen Angriffskrieg vom Zaun gebrochen". Scholz bezeichnete dies als eine „Zeitenwende in der Geschichte unseres Kontinents". „Die Welt danach ist nicht mehr dieselbe wie die Welt davor." Im Kern gehe es um die Frage, ob Macht das Recht brechen dürfe und ob es Putin gestattet werden könne, die Uhren in die Zeit der Großmächte des 19. Jahrhunderts zurückzudrehen. „Oder ob wir die Kraft aufbringen, Kriegstreibern wie Putin Grenzen zu setzen." Der russische Präsident habe eine neue Realität geschaffen, die eine klare Antwort erfordere, so Scholz am 27. Februar 2022.

Der ukrainische Botschafter in Berlin, Andrij Melnyk, bedankte sich überschwänglich im Namen seines Landes: „Wir sind froh, dass Deutschland endlich diese 180-Grad-Wende vollzogen hat. Ich habe meinen deutschen Freunden und der Bundesregierung immer gesagt, dass sie die schrecklichen Bilder vom Krieg in der Ukraine nicht lange ertragen werden, ohne zu reagieren und umzusteuern. Endlich sind die Deutschen erwacht und haben begonnen, richtig zu handeln.“[147] Der deutsche Bundeskanzler Olaf Scholz erklärte noch vor Ende Februar 2022 den Kurswechsel Bundesregierung bezüglich Waffenlieferungen: „Der russische Überfall auf die Ukraine markiert eine Zeitenwende. Er bedroht unsere gesamte Nachkriegsordnung. In dieser Situation ist es unsere Pflicht, die Ukraine nach Kräften zu unterstützen bei der Verteidigung gegen die Invasionsarmee von Wladimir Putin. Deutschland steht eng an der Seite der Ukraine“.[148]

Überhaupt hatte Wladimir Putin wohl den Kampfgeist der Ukrainer und der westlichen Welt unterschätzt. Die Invasion wurde in bemerkenswerter Einigkeit als Generalangriff auf den Westen, also die westlichen Demokratien, und die Unantastbarkeit der Souveränität der Grenzen unabhängiger Staaten gewertet.

Wie ernst der Westen die Sache nahm, war daran abzulesen, dass die westlichen Staaten nur zwei Tage nach dem Einmarsch beschlossen, russische Banken aus dem internationalen Zahlungssystem Swift auszuschließen.[149] Die 1973 gegründete und in Belgien ansässige Society for Worldwide Interbank Financial Telecommunication (Swift) betreibt ein besonders sicheres Telekommunikationsnetz (das SWIFTNet), das von mehr als 11.000 Banken rund um den Globus genutzt wird, um internationale Zahlungsanweisungen zu übermitteln. Mit anderen Worten: Wer aus dem Swift-System ausgeschlossen wird, ist vom internationalen Zahlungsverkehr gänzlich abgeschnitten. Der Ausschluss russischer Banken stellte einen Generalangriff des Westens auf das russische Finanzwesen dar. Dieser Schritt war ohne weiteres möglich, weil Swift rechtlich Genossenschaft im Besitz der Banken und mit Sitz in Belgien dem Rechtssystem der Europäischen Union unterworfen ist.[150] Es war eine der schärfsten Sanktionen von Seiten des Westens, auch deshalb, weil damit Russland außer Stande gesetzt wurde, Zahlungen an den Westen zu leisten bzw. im Empfang zu nehmen. Die Lieferung russischen Gases an Europa und vor allem an Deutschland war dadurch unmittelbar gefährdet; warum sollte Russland noch Gas durch die Pipelines gen Westen schicken, wenn eine Bezahlung dafür gar nicht mehr möglich war. Umgekehrt konnten westliche Unternehmen, die Geschäfte in Russland betrieben, über Nacht keine Zahlungsströme mehr aus dem Putin-Land erhalten. Mit anderen Worten: Unter den Swift-Sanktionen hatte nicht nur Russland zu leiden, sondern auch die westliche Wirtschaft und letztendlich auch die Versorgungslage in Westeuropa. Es war daher ein besonders klares Signal der Einigkeit der westlichen Welt, um Putin in seine Schranken zu verweisen.

Die Begründung brachte die EU-Kommissionspräsidentin Ursula von der Leyen auf den Punkt: „Wir wollen Putin daran hindern, seine staatlichen Rücklagen für die Finanzierung seines Krieges zu nutzen.“. Daher wurde auch das Vermögen der russischen Zentralbank blockiert. Zudem wurde der Zugang zahlreicher russischer Oligarchen zu ihrem Geldvermögen eingeschränkt.[151] Prompt stürzte die russische Währung Rubel auf ein Rekordtief.[152]

Nicht nur die Staatengemeinschaft stellte sich Putins Expansionsplänen entgegen, auch Hacker kämpften an der Seite des

Westens. Hacker gelten „eigentlich“ als Verbrecher, die in fremde Rechner eindringen und dort Daten manipulieren oder zerstören, Kryptowährungen erbeuten oder Lösegeld erpressen. Nicht so am Anfang der Ukrainekrise im Februar 2021. Das internationale Hacker-Kollektiv Anonymous erklärte am Tag der Invasion der Regierung von Wladimir Putin den „Cyberkrieg“ und machte sich auch sogleich ans Werk. Gut eine halbe Stunde nach ihrer Kriegserklärung übernahmen die Hacker die Webseite des Kreml-nahe TV-Senders RT. Die russische Nachrichtenagentur Tass informierte dank Hacker-Manipulationen „Putin zwingt uns zu lügen“ und weiter „Wir fordern Sie dringend auf, diesen Wahnsinn zu stoppen, schicken Sie Ihre Söhne und Ehemänner nicht in den sicheren Tod.“[153] Der Übernahme waren massive Computerattacken ukrainischer Behörden und Banken und vorausgegangen, hinter denen die Russen zu vermuten waren.[154]

Kurz nach der Invasion keimte die Hoffnung auf, Putin könnte von seinen eigenen Landsleuten aus dem Amt getrieben werden. Am 24. Februar 2022, also noch am ersten Tag des Einmarsches, verfasste die Moskauer Journalistin Jelena Tschernenko eine Erklärung, die kurz darauf fast 300 ihrer Kollegen unterschrieben: „Wir, russische Korrespondenten und Experten, die über die russische Außenpolitik schreiben, verurteilen die Militäroperation der Russischen Föderation in der Ukraine“, hieß es darin. Krieg sei noch nie eine Methode der Konfliktlösung gewesen und werde es auch nie sein. Eine Rechtfertigung für diesen Krieg gebe es nicht. Binnen weniger Tage wurden in Russland mehrere ähnliche Aufrufe veröffentlicht. Künstler, Lehrer, Wissenschaftler und Architekten appellierten an den Präsidenten Wladimir Putin, das Blutvergießen im

Nachbarland zu beenden. Die Politologin Tatjana Stanowaja vom Moskauer Carnegie Center analysierte, Putin habe für seinen Krieg keine breite Unterstützung der Eliten: „Natürlich wird sich jetzt niemand aus dem inneren Kreis gegen Putin stellen, aber die Vorstellung, dass der Chef verrückt geworden ist, beschränkt sich nicht mehr auf die liberale Opposition.“[155]

Tatsächlich waren in den Tagen nach dem Angriff Tausende von Menschen auf den Straßen Russlands unterwegs, um öffentlich gegen Putins Kriegskurs zu protestieren. Aber die Moskauer Regierung griff hart durch: Mehr als 3000 Menschen wurden nach Angaben der russischen Menschenrechtsorganisation OWD-Info binnen weniger Tage bei Antikriegsprotesten in 34 Städten festgenommen.[156]

Drei Tage nach der Invasion aktivierte Wladimir Putin die Bereitschaft der sogenannten „Abschreckungskräfte“. Das schreckte die Welt in der Tat auf, weil dazu neben einem Arsenal ballistischer Raketen auch die russischen Atomwaffen gehören. Das Stockholmer Friedensforschungsinstitut Sipri teilte nach Putins Äußerungen allerdings mit, dass es nicht damit rechne, dass der Krieg in der Ukraine zum Einsatz von nuklearen Waffen führen wird. „Ich glaube nicht, dass ein Atomkrieg eine wahrscheinliche Folge dieser Krise ist“, sagte Sipri-Direktor Dan Smith am 27. Februar 2022. Er fügte hinzu: „Wenn Atomwaffen existieren, dann gibt es aber leider natürlich immer diese kleine Möglichkeit. Und das wäre katastrophal.“[157]

Zuvor hatte Russland dem Westen angesichts von Warnungen vor einem Atomkrieg Panikmache vorgeworfen. „Alle wissen, dass ein Dritter Weltkrieg nur ein nuklearer sein kann“, sagte der russische Außenminister Sergej Lawrow. Diese Frage stelle sich aber nur in den Köpfen westlicher Politiker und nicht in denen der Russen.[158] Lawrow betonte: „Wir haben eine Militärdoktrin, die die Parameter und Bedingungen für den Einsatz von Atomwaffen beschreibt." Eine „Eskalation um der Deeskalation willen wird es nicht geben. Aber das Gespräch über einen Atomkrieg ist jetzt im Gange." Das liege allein am Westen. Er warf westlichen Staaten auch „Hysterie" vor. Der russische Außenminister kritisierte im gleichen Atemzug die USA scharf: „Die folgenden Vergleiche drängen sich für mich auf: Sowohl Napoleon als auch Hitler wollten einst Europa unterjochen. Jetzt haben die Amerikaner es unterjocht."[159]

Bemerkenswert war, wie sich 2022 nicht nur die internationale Staatengemeinschaft Russland entgegenstellte und Hilfe für die Ukraine leistete, sondern auch die Wirtschaft. Beispielhaft hierfür stand der US-amerikanische Multi-Unternehmer Elon Musk. Auf Bitten des ukrainischen Digitalministers und Vize-Premiers Mychajlo Fedorow aktivierte Musks Firma Starlink sein Satellitennetzwerk über die Ukraine, um die Internetversorgung des Landes sicherzustellen. Damit verfügte das angegriffene Land losgelöst von russischen Zerstörungen über eine funktionierende Kommunikationsinfrastruktur.[160]

Doch es waren nicht etwa nur die internationale Staatengemeinschaft und ausländische Unternehmer, sondern es waren vor allem die Ukrainer selbst, die die Welt mit ihrem Mut und ihrer Entschlossenheit, das russische Militär abzuwehren, in Erstaunen versetzten. Vorbild war der ukrainische Präsident Wolodymyr Selenskyj, der nach dem Start der russischen Invasion den Kriegszustand ausrief und sich mit folgenden Worten an die Bevölkerung wandte:[161]

*„Sehr geehrte Bürger der Ukraine,*

*heute Morgen hat Präsident Putin die Durchführung einer Sondermilitäroperation im Donbass erklärt. Russland hat auf unsere Militärinfrastruktur und unsere Grenzsicherheitstruppen einen Angriff ausgeführt. In vielen Städten waren Explosionen zu hören.*

*Wir führen den Kriegszustand ein auf dem gesamten Territorium unseres Staates. Vor einer Minute habe ich ein Gespräch mit Präsident Biden geführt. Die USA haben schon angefangen, internationale Unterstützung zu organisieren.*

*Heute ist von Ihnen – von jedem von Ihnen – Fassung nötig, wenn möglich, bleiben Sie bitte zu Hause. Wir arbeiten, die Armee arbeitet, der ganze Verteidigungs- und Sicherheitsbereich arbeitet. In ständiger Verbindung mit Ihnen bleibe ich, bleibt der Nationale Sicherheits- und Verteidigungsrat der Ukraine und das Ministerkabinett der Ukraine.*

*Demnächst werde ich mich wieder melden. Keine Panik! Wir sind stark und auf alles gefasst. Wir werden alle besiegen, denn wir sind die Ukraine. Ruhm der Ukraine!“*

Wenige Stunden später trat er erneut vor die Öffentlichkeit:

*„Meine lieben Ukrainer,*

*wie versprochen, melde ich mich wieder. Ich werde Euch stündlich aktuelle und zuverlässige Information mitteilen. Wir werden jetzt nicht nur von Bomben, sondern auch von Fakes angegriffen. Es ist wichtig, die Wahrheit aus offiziellen Quellen zu erhalten.*

*Heute hat Russland einen Einmarsch begonnen, Putin hat einen Krieg mit der Ukraine, mit der ganzen demokratischen Welt begonnen. Er will meinen Staat vernichten. Er will unseren Staat vernichten – alles was wir aufgebaut hatten, wofür wir leben.*

*Ich wende mich an alle Ukrainer, vor allem an alle Militärs, die sich schon dem ersten Angriff des Feindes stellen mussten und ihn gebührend zurückweisen: Ihr seid mutig, Ihr seid ungebrochen, denn Ihr seid Ukrainer. Ich wende mich an jeden Ukrainer, der sich jetzt auf unserem Boden aufhält: Wir sollen nicht in Panik geraten, wir sollen alles Nötige tun, um das Militär der Ukraine zu unterstützen. Ich wende mich an alle Ukrainer, die sich jetzt im Ausland aufhalten: Wir brauchen auch Eure Unterstützung, Ihr seid eine starke, vereinigte Kraft, und Ihr habt es auch schon mehrmals bewiesen, wir brauchen Euch jetzt.*

*Ich habe mit Biden, Johnson, Charles Michel, Duda, Nauseda gesprochen – wir beginnen eine Anti-Putin-Koalition zu bilden. Wir haben die Weltführer aufgerufen, alle möglichen Sanktionen gegen Putin zu betätigen, eine massive Verteidigungsunterstützung in die Wege zu leiten, den Luftraum über der Ukraine für den Aggressor zu schließen. Gemeinsam müssen wir die Ukraine retten, die demokratische Welt retten – und wir werden es tun. Ruhm der Ukraine!“*[162]

## Millionen Flüchtlinge aus der Ukraine

Die Vereinten Nationen sprachen infolge des russischen Angriffs auf die Ukraine von der am schnellsten wachsenden

Flüchtlingskrise seit dem Zweiten Weltkrieg. Die EU stellte sich auf rund sieben Millionen Flüchtlinge aus dem angegriffenen Land ein. Um ihnen schnell und unbürokratisch zu helfen, wurde die „Massenzustrom"-Richtlinie aus dem Jahr 2001 aktiviert. Diese garantiert Kriegsflüchtlingen ohne ein aufwendiges Asylverfahren bis zu drei Jahre Schutz in der EU.

Angesichts der russischen Bedrohung rückten 2022 alle EU-Staaten so eng zusammen wie schon lange nicht mehr. Die deutsche Innenministerin Nancy Faeser sagte nach einem Treffen mit ihren EU-Kollegen. „Alle EU-Staaten sind zur Aufnahme von Kriegsflüchtlingen aus der Ukraine bereit. Das ist eine starke Antwort Europas auf das furchtbare Leid, das Putin mit seinem verbrecherischen Angriffskrieg verursacht." Die entsprechende Richtlinie ist eine Folge der Kriege in den 1990er-Jahren im ehemaligen Jugoslawien. Sie wurde vor 2022 noch nie – auch nicht während der großen Fluchtbewegung 2015 und 2016 – genutzt. Insgesamt müssen mindestens 15 Länder mit mindestens 65 Prozent der EU-Bevölkerung zustimmen, um die Richtlinie zur Anwendung zu bringen. Zu den Mindeststandards, die alle EU-Länder garantieren müssen, gehören etwa eine Arbeitserlaubnis für die Vertriebenen sowie Zugang zu Sozialhilfe, medizinischer Versorgung, Bildung für Minderjährige und unter bestimmten Bedingungen auch die Möglichkeit zur Familienzusammenführung.[163]

Polen, ein Land, das sich zuvor stets vehement geweigert hatte, Flüchtlinge etwa aus Syrien aufzunehmen, empfing die aus der Ukraine flüchtenden Menschen 2022 geradezu mit offenen Armen. Drei Tage nach Kriegsbeginn hatte Polen bereits rund 200.000 Flüchtlinge aus dem angegriffenen Nachbarland registriert. Das waren zu diesem Zeitpunkt über die Hälfte aller aus der Ukraine geflohenen Menschen. Es war eine Geste mit hoher Symbolik, als Polens Präsident Andrzej Duda Geflüchtete in seinen Dienstvillen aufnahm. Eine Woche nach Kriegsbeginn waren rund 10.000 Tote zu beklagen und mehr als eine Million Menschen hatten sich auf die Flucht begeben.[164] Jeden Tag kamen im Februar und März 2022 zehntausende neue Geflüchtete in Polen an und wurden dort mit offenen Armen empfangen. Viele Polen spendeten und organisierten Hilfsgüter: Kleidung, Decken und Lebensmitteln – alles, was Menschen brauchen, die Hals über Kopf geflohen sind.[165] Auch in Deutschland kam die Fluchtbewegung an – die Hilfsbereitschaft hierzulande war in diesen Wochen und Monaten ebenfalls sehr hoch. Bundesinnenministerin Nancy Faeser sagte die Aufnahme von Geflüchteten aus der Ukraine unabhängig von der Nationalität zu: „Wir wollen Leben retten. Das hängt nicht vom Pass ab. Der allergrößte Teil der Geflüchteten sind Ukrainerinnen und Ukrainer. Menschen aus anderen Staaten, die in der Ukraine schon ein dauerhaftes Aufenthaltsrecht hatten, bringen diesen Status mit.“

Es würde den Rahmen dieses Buches sprengen, die weitere Auseinandersetzung zwischen Russland und dem Westen zu dokumentieren und zu analysieren. Doch die Schlussfolgerung, dass sich daraus neue Migrationsströme in Richtung Westeuropa ableiten lassen, gehört zweifelsohne zum Thema des vorliegenden Buches. Daher ist es angeraten, wenn sich nicht nur, aber eben auch, Deutschland auf neue Asylanträge einstellt. Dazu gehört es, die teilweise gravierenden Mängel im Asylsystem abzustellen, wie im nachfolgenden Kapitel aufgeführt.

# Mängel im Asylsystem

Die gravierenden Mängel im europäischen Asylsystem sind seit Jahren unübersehbar. Zwar haben sich die EU-Staaten im Schengener Abkommen von 1985 und im Dubliner Übereinkommen von 1990 auf die zentralen Fragen dazu geeinigt, aber in der Krise zeigten sich die Unzulänglichkeiten: Eine ganze Reihe von EU-Staaten missachteten die zentralen Vereinbarungen schlichtweg und verweigerten sich einer gerechten Verteilung der Flüchtlinge auf die einzelnen Länder der EU. Damit stehen die Ernsthaftigkeit der EU-Verträge und somit die gesamte EU an sich auf dem Prüfstand. Die Integrationspolitik wird zum Lackmustest des Kerngedankens der Europäischen Union, zur Wegscheide zwischen Integration und Desintegration.

## Abwehr mit humanitärem Mäntelchen

Wie real die Probleme sind, zeigte sich besonders deutlich auf dem EU-Gipfel in Brüssel am 18. Oktober 2018.[166] Die damalige Bundeskanzlerin Angela Merkel fordert wie schon viele Monate zuvor eine gerechte Verteilung der Flüchtlinge auf alle EU-Staaten nach festen Quoten. Vermutlich war Merkel zu diesem Zeitpunkt längst klar, dass sie mit ihren Vorstellungen auf verlorenem Posten steht. Der damalige österreichische Bundeskanzler Sebastian Kurz, dessen Land in diesem Halbjahr den Vorsitz im Ministerrat der Europäischen Union innehatte, war ihr Gegenspieler. Er hatte ein völlig anderes Konzept im Kopf: Die Migranten, die auf dem Weg nach Europa nicht umkommen, sondern ankommen, sollten so schnell wie möglich in ihre

Heimatländer zurückgeschickt werden, damit sich dort die Erkenntnis durchsetzt, dass es nicht lohnt, sich auf den Weg nach Europa zu machen. Die deutsche Kanzlerin setzte auf Willkommenskultur und Integration, der österreichische Kanzler auf Rückführung und Abschreckung. Sebastian Kurz formulierte das sehr plastisch: „Wenn sie aus Ägypten aufbrechen, werden sie nach der Rettung nach Ägypten zurückgestellt. Wenn sie aus Libyen aufbrechen, werden sie mehr und mehr von der libyschen Küstenwache gerettet und zurückgestellt. Und Selbiges wollen wir überall sicherstellen. Denn das zerstört das Geschäftsmodell der Schlepper, stellt sicher, dass sich niemand mehr auf den Weg macht, und stellt vor allem sicher, dass das Ertrinken im Mittelmeer endlich zu Ende geht.“ Der Österreicher umgab also seine Abwehrstrategie mit einem humanitären Mäntelchen, das kaum zu leugnen ist: Je weniger Menschen sich auf den Weg nach Deutschland machen, desto weniger Menschen werden auf dieser Reise zugrunde gehen. Nur: Wie diese Menschen in ihren Ländern leben und wie sie dort den Kriegswirren schonungslos ausgesetzt sind, findet in diesen Betrachtungen keine Berücksichtigung.

Auch beim Thema der europäischen Solidarität agierte Österreichs Sebastian Kurz äußerst geschickt auf dem Brüsseler EU-Gipfel Mitte Oktober 2018. Er sprach sich genau wie Angela Merkel für Solidarität in Europa aus, aber die könne „sehr unterschiedlich aussehen“. Sein Vorschlag: Wer keine Migranten aufnehmen will, zahlt eben dafür oder gibt Geld für die Grenzsicherung. Das klang zwar auf den ersten Blick nach Solidarität, war jedoch faktisch das genaue Gegenteil von Merkels Vorstellung, die erst einen Monat zuvor auf dem EU-Gipfel in Salzburg klargestellt hatte: „Es kann nun auf keinen Fall sein, dass jeder sich aussuchen kann, was er gerne machen möchte“. Genau das wollten aber viele EU-Regierungen. Mit seinem Gegenvorschlag zu Deutschlands Merkel machte sich Österreichs Kurz nämlich zum Anführer einer ganzen Riege von EU-Regierungen, die zwar im Gegensatz zu Großbritannien die EU keineswegs verlassen wollen, die aber ebenso sicher eine Überfremdung in ihren Ländern unter allen Umständen verhindern wollen. So äußerte sich etwa Polens Ministerpräsident Mateusz Morawiecki angesichts der Kurz‘schen Vorschläge auf dem EU-Gipfel in Brüssel 2018 begeistert: „Es zeigt, dass sie verstanden haben, in welche Richtungen die ganze EU nun gehen sollte“. 2021 stellt Morawiecki die Vertrauensfrage im polnischen Parlament, die er mit klarer Mehrheit für sich und damit auch für seine Politik entscheiden konnte.[167] Merkel und Kurz sind längst Geschichte, aber die von ihnen begonnene Auseinandersetzung hält auch im Jahr 2022 und sicherlich auch darüber hinaus weiter an.

Tatsächlich funktioniert dieses Modell aber nur in dem Maße gut, in dem die Herkunftsländer wie Ägypten oder Libyen bereit sind, die von der EU zurückgewiesenen Menschen wieder aufzunehmen. Und genau daran hapert es gewaltig. Das sah offenbar auch Luxemburgs Ministerpräsident Xavier Bettel so, als er auf dem Brüsseler EU-Gipfel im Oktober 2018 meinte, so gut wie gehofft klappe die Zusammenarbeit mit Ägypten nicht. Zum gemeinsamen Ziel der EU, Anlandungszentren für gerettete Migranten außerhalb der EU zu schaffen, sagte er: „Jeder findet es eine tolle Idee, aber keiner will sie bei sich haben.“ Damit stellte Bettel die Sinnhaftigkeit der EU-Beschlüsse zu Asyl und Migration vom 28. Juni 2018 nur vier Monate später infrage. Damals einigten sich die Staats- und Regierungschefs der EU unter anderem darauf, Auffanglager für Migranten in Drittstaaten etwa in Nordafrika zu prüfen. In der EU-Sprache wurden sie „regionale Anlandungszentren“ genannt, die in enger Zusammenarbeit mit Drittstaaten sowie dem UN-Flüchtlingshilfswerk UNHCR und der Internationalen Migrations-Organisation (IOM) betrieben werden sollten. Dort sollten Schutzersuchende „unter Wahrung internationalen Rechts“ geprüft werden. Dadurch erhoffte man sich eine abschreckende Wirkung auf Migranten, weil sie vor der EU abgefangen werden sollen. Umstritten ist, ob diese Vorentscheidungen den Anspruch auf Asyl in der EU faktisch unterlaufen, aber das spielte angesichts des politischen Drucks kaum noch eine Rolle. Um ihrem Konzept Nachdruck zu verleihen, stockte die EU ihre Hilfe für afrikanische Länder um 500 Millionen Euro auf.[168]

Tatsächlich hatte sich aber im Herbst 2018 aller guten Worte und finanziellen Anreize zum Trotz kein Herkunftsland der Flüchtlinge bereit erklärt, auch nur ein einziges Ankerzentrum zu bauen, um ihre vor dem Ertrinken im Mittelmeer geretteten Landsleute wieder aufzunehmen.

Auch die anderen Wunschvorstellungen der EU waren weit von der Realisierung entfernt. So wurde etwa in Paragraf 11 der Abschlusserklärung vom EU-Gipfel in Brüssel im Juni 2018 die sogenannte Sekundärmigration angesprochen. Damit ist die Wanderung von Flüchtlingen und Migranten gemeint, die in einem EU-Außenstaat registriert werden, aber dann etwa in Deutschland Asyl beantragen. Zwar regelt bereits das Dublin-III-Abkommen, dass Asylverfahren im Prinzip in den Registrierungsländern durchgeführt werden müssen, aber der Prozess ist langwierig und scheitert in vielen Fällen. Künftig sollten alle

EU-Regierungen die nötigen administrativen und gesetzlichen Vorkehrungen schaffen, um diese Binnenmigration in der EU zu stoppen. Dies würde zwar vor allem Deutschland entlasten, aber bislang sind in keinem einzigen Land der EU auch nur Ansätze für derartige Bemühungen zu verzeichnen. 2021 stufte das Bundesamt für Migration und Flüchtlinge (Bamf) die Sekundärmigration immer noch als ein ungelöstes Problem ein.[169]

Da halfen auch die sicherlich gut gemeinten, aber eher hilflos wirkenden Worte der EU-Außenbeauftragten Federica Mogherini über die Zusammenarbeit mit den Herkunftsländern in Afrika wenig. Es sei eine „Partnerschaft unter Gleichen“ und „genau die qualitative Veränderung, die wir bei Afrika brauchen. Afrika ist unser nächster Nachbar, und das ist eine strategische Investition für die kommenden Jahre.“

## Alan Kurdi und Carola Rackete

2018 wurde ein Rettungsschiff nach dem ertrunkenen Kind „Alan Kurdi“ benannt (ursprünglich „Aylan Kurdi“ geschrieben). Die Hilfsorganisation Sea-Eye setzte es unter deutscher Flagge für die Rettung von Flüchtlingen im Mittelmehr ein. Es gehörte zur Riege der Rettungsschiffe, die es seit 2019 immer schwerer hatten, mit Flüchtlingen an Bord einen europäischen Hafen zu finden, um die Geretteten an Land zu bringen. So kurvte die „Alan Kurdi“ im Sommer 2019 mit 65 aus dem Mittelmeer Geretteten an Bord vergeblich vor der italienischen Insel Lampedusa, um die Menschen an Land zu bringen. Italien verweigerte die Aufnahme. Später nahm das Schiff Kurs auf Malta, erhielt jedoch auch dort zunächst eine Abfuhr von den Behörden und durfte die Flüchtlinge erst in Malta ausschiffen, nachdem andere EU-Länder wie Deutschland sich zu ihrer Aufnahme bereit erklärten.[185] Der damalige Bundesaußenminister Heiko Maas forderte sogleich ein „Bündnis der Hilfsbereiten" und erklärte, die Bundesrepublik sei bereit, „immer ein festes Kontingent der Geretteten aufzunehmen".[186] Österreichs ehemaliger Bundeskanzler Sebastian Kurz sprach für die Gegenmeinung: „Die Verteilung von Migranten in Europa ist gescheitert. Wir diskutieren erneut über Ideen aus 2015, die sich hinlänglich als nicht umsetzbar erwiesen haben."[170]

Geradezu exemplarisch für diese Lage stand die deutsche Kapitänin Carola Rackete, die im Juni 2019 mit dem Schiff „Sea-Watch 3" zunächst 53 Menschen vor der libyschen Küste aus dem Mittelmeer rettete und gegen die ausdrückliche Anweisung der italienischen Behörden in den Hafen der Insel Lampedusa einfuhr, um sie an Land zu bringen. Sie wurde dafür in Italien für einige Tage verhaftet und gleichzeitig in Deutschland wie eine Heldin gefeiert. Sie rechtfertigte sich: „Ich habe eine weiße Hautfarbe, ich bin in ein reiches Land geboren worden, ich habe den richtigen Reisepass, ich durfte drei Universitäten besuchen und hatte mit 23 Jahren meinen Abschluss. Ich spüre eine moralische Verpflichtung, denjenigen Menschen zu helfen, die nicht meine Voraussetzungen hatten." Italiens Innenminister Matteo Salvini konterte, er werde „die Sicherheit Italiens nicht an diese Banditen und an einen Kommandanten übertragen, der sich schuldig fühlt, als weiß, reich und Deutsche geboren zu werden". Tatsächlich war ein Eilantrag der „Sea-Watch 3" vor dem Europäischen Gerichtshof für Menschenrechte mit dem Ziel, die Einfahrt in Lampedusa für rechtens zu erklären, gescheitert. Häfen in Malta, Griechenland, Tunesien und den Niederlanden seien früher zu erreichen gewesen.[188] Einmal mehr stand die Frage im Raum, ob die Rettungseinsätze nicht das Geschäft der Schlepper befördert, die Menschen in unzulänglichen Booten von der Küste Libyens auszusetzen im vagen Wissen, dass sie von Rettungsschiffen aufgefischt und nach Europa verbracht werden.

## Schlepper setzen auf Mutterschiff

2019 änderten die Schlepper ihre Strategie. In den Jahren zuvor genügte es, Flüchtlinge aus Afrika in ein völlig überfülltes Boot direkt an der afrikanischen Küste zu setzen, um einigermaßen sicher zu sein, dass sie vom Rettungsschiff einer Nichtregierungsorganisation (NGO) aufgenommen würden. Die völlig überfüllten Schlauchboote trieben schlimmstenfalls einige Stunden, bis das NGO-Schiff die Menschen an Bord nahm. Doch nachdem die europäischen Mittelmeerstaaten, allen voran Italien, NGO-Schiffe kaum noch an Land ließen, kreuzten diese auch immer weniger vor der afrikanischen Küste auf der Suche nach Flüchtlingen. Folgerichtig änderten die Schlepper ihre Strategie und setzten auf die Mutterschiffflucht. Hierbei wurden die Flüchtlinge in Afrika zunächst auf einem großen Schiff unter Deck in Richtung Europa transportiert und erst kurz vor der europäischen Küste, häufig vor Italien, in Schlauchbooten ausgesetzt. Da die Europäer die Menschen letztlich nicht ertrinken lassen wollten, wurden sie gerettet, etwa von der italienischen Küstenwache. Die neue Schleppermethode erwies sich als erfolgreich – allerdings nicht für jeden; laut UNO kam 2019 etwa jeder sechste Flüchtling, der versucht von Libyen aus nach Italien oder Malta zu gelangen, ums Leben.[171] 2020 ertranken insgesamt 1.421 Flüchtlinge auf der Flucht im Mittelmeer, soweit bekannt.[172]

## „Behältnis-Schleusungen“ in Mitteldeutschland

In den Coronajahren 2020/21/22 wurden sogenannte „Behältnis-Schleusungen“ in Mitteldeutschland populär. Hierzu griffen Schleuser Flüchtlinge aus Syrien, Afghanistan oder Irak häufig in Rumänien oder Bulgarien auf und verfrachteten sie auf Lkw oder Kleintransportern über die Grenze nach Deutschland.

Allein im letzten Quartal 2020 nahm die Bundespolizei in Mitteldeutschland 317 Personen in 34 Fällen im Zusammenhang mit Behältnis-Schleusungen fest – eine erhebliche Steigerung gegenüber den Vorjahren. Über die deutsch-tschechische Grenze wurden vorwiegend afghanische Flüchtlinge geschleust, über die deutsch-polnische Grenze syrische Flüchtlinge. Seit 2021 kommt es zu einem weiteren Anstieg, der vermutlich auf einen Staueffekt auf der Balkan-Route aufgrund der Coronalage zurückzuführen ist. Viele Flüchtlinge aus den arabischen Ländern saßen in dieser Zeit in Osteuropa fest. Der Linien- und Urlaubsverkehr mittels Flugzeugen war sehr limitiert, der Individualverkehr stark eingeschränkt. Fern- und Reisebusse fielen als Transportmöglichkeit ebenfalls aus.[173] Diese Fälle aus den Jahren 2020/21 zeigten: Wo auch immer Schlupflöcher verschwinden, entstehen sofort neue Migrationswege, um den Weg nach Europa und insbesondere nach Deutschland zu finden. Dieses Phänomen wird sich die 2020er Jahre hindurch immer wieder neu beobachten lassen.

Das gilt umso mehr, als auch auf europäischer Ebene die Flüchtlingspolitik einen immer größeren Raum einnahm und andere Themen – abgesehen von Corona – in den Hintergrund rückten. Die Abschottung Europas gegen Migranten aus Afrika sowie dem Nahen und Mittleren Osten könnte zur gemeinsamen Mammutaufgabe der EU werden.

Der UNO-Hochkommissar für Flüchtlingsfragen, Filippo Grandi, erteilte dem europäischen Ansatz insgesamt eine klare Absage: „Der Tenor der politischen Debatte – es wird ein Bild von Europa unter Belagerung gemalt – ist nicht nur wenig hilfreich, er hat auch mit der Realität nicht das Geringste zu tun. ... Wir dürfen nicht vergessen, dass es hier um Menschenleben geht. Eine Debatte ist willkommen, aber Flüchtlinge und Migranten für politische Ziele zu Sündenböcken zu machen, ist es nicht.“ Genau das stellte die Strategie aller nationalen Bewegungen in Europa dar. 2021 sorgte sich Filippo Grandi vor allem darum, dass die Flüchtlinge möglichst zügig eine Impfung gegen das Coronavirus erhalten. Das war einerseits ehrenwert, aber andererseits politisch ungeschickt in einer Zeit, in der Millionen von in Europa geborenen Menschen den lebensrettenden Impfstoff sehnlichst herbeiwünschten.[174]

## Die Welt in Bewegung

Flüchtlinge sind kein Thema, das allein Deutschland oder allein Europa betrifft. Das UNO-Flüchtlingshilfswerk UNHCR zählte weltweit 51,2 Millionen Flüchtlinge im Jahr 2013, über 60 Millionen in 2014, 65,3 Millionen in 2015, 65,6 Millionen in 2016, 68,5 Millionen bis Ende 2017, 70,8 Millionen in 2018 und 79,5 Millionen Ende 2019 und über 80 Millionen Anfang 2021.[175] Etwas mehr als 10 Prozent davon, 2,643 Millionen Menschen, sind laut UNHCR in oder nach Europa unterwegs.[176]

Dabei zählt die UNHCR alle Menschen die nach den Kriterien der Genfer Flüchtlingskonvention von 1951 als Flüchtlinge gelten sowie Binnenflüchtlinge, Kriegsflüchtlinge, durch Umweltkatastrophen zur Flucht gezwungene und staatenlose Menschen. Man geht davon aus, dass die Dunkelziffer von Menschen, die ihre Heimat verlassen, um in der Ferne ein besseres Leben zu finden, noch viel höher liegt, weil viele Länder keine oder keine zuverlässigen Angaben dazu vorlegen. Insbesondere bei den sogenannten Binnenflüchtlingen, die im eigenen Land bleiben und somit keine Grenzen überschreiten, dürfte die Dunkelziffer besonders hoch sein.

Die Öffentlichkeit kümmern in der Regel weder die weltweiten Zahlen noch die Begriffe. So wurde und wird in Deutschland recht wahllos von Flüchtlingen, Migranten und Asylanten geredet, ohne dabei eine nachvollziehbare Unterscheidung zu treffen. Die daraus abgeleiteten Begriffe wie „Flüchtlingskrise", „Asylantenschwemme" oder „Massenzuwanderung" suggerieren allesamt ein- und dieselbe Situation: Es kommen zu viele Fremde, wir werden überrannt, es herrscht eine Krise, wir müssen etwas dagegen unternehmen. Die Krise wird somit der Personengruppe zugeschrieben, nicht etwa dem Umgang mit ihr. Anders ausgedrückt: Die Flüchtlinge, die Menschen in Not, die sich gezwungen sehen, ihre Heimat zu verlassen, stellen die Krise dar.

Ab 2016 fingen erste Organisationen an, sich gegen den 2015 überall gebrauchten Begriff der „Flüchtlingskrise" zu wehren: So änderte die International Federation of Social Worker (IFSW) den Ausdruck *Refugee Crisis* im Titel ihrer Konferenz vom März 2016 in Wien zu *the Political Crisis Forcing People into Dis-*

*placement and Refugee Status*. Das mag man als ehrenwert einstufen, aber es war letztlich der fatal falsche Weg, ein Problem der Political Correctness zu unterwerfen, statt es zu lösen oder es aufzulösen. Bemerkenswerterweise wird nämlich die Einwanderung in Europa schon lange diffamiert, obgleich Völkerwanderungen über Jahrhunderte hinweg den alten Kontinent prägen. Der Anthropologe David Turton stellt schon 2003 fest, dass Europäer Migrationsprozesse oft mit Flutmetaphern beschreiben und Flüchtlinge wie Einwanderer der eigenen Gruppe gegenüberstellen („sie“ gegen „uns“), obwohl ihre Vorfahren selbst Migranten sind. Daher festigte sich der Eindruck, dass Migration nach Europa etwas Unnormales sei und Migranten werden als fremde, bedrohliche oder gar feindliche Gruppe wahrgenommen.[177]

Diese Einstufung hängt unmittelbar mit den Fragen nach Nationalstolz und Patriotismus zusammen, die in den verschiedenen europäischen Ländern sehr unterschiedlich beantwortet werden. So ist der Stolz auf das eigene Land in Frankreich geradezu eine „Bürgerpflicht“, im politisch korrekten Deutschland gilt er als verpönt.

## Demokratischer Patriotismus

Am 9. November 2018 sprach Bundespräsident Frank-Walter Steinmeier zum Gedenken an die Ausrufung der Republik von „demokratischem Patriotismus“.[178] 100 Jahre zuvor hatte der Sozialdemokrat Philipp Scheidemann vom Berliner Reichstagsgebäude aus die erste Deutsche Republik ausgerufen. Zugleich steht der 9. November auch für eines der dunkelsten Kapitel in der deutschen Geschichte: Am 9. November 1938 inszenierten die Nationalsozialisten die reichsweiten Pogrome gegen die Juden. Mit der DDR-Grenzöffnung am 9. November 1989 wiederum wurde der friedlichen Vereinigung der beiden deutschen Staaten der Weg geebnet.

Es war also äußerst geschichtsträchtig, als der Bundespräsident mit dem Begriff „demokratischer Patriotismus“ eine Gratwanderung vollführte. Das Wort Patriotismus drückt eine emotionale Verbundenheit mit der eigenen Nation aus, stützt also den nationalen Gedanken, während „demokratisch“ die Trennlinie zu rechten Kräften ziehen soll, die vermeintlich die Demokratie abschaffen oder jedenfalls einschränken wollen. Patriotismus ist ein in der deutschen Politik selten verwendeter Begriff, weil er leicht mit Nationalismus zu verwechseln ist. Eine interessante Differenzierung macht die Bundeszentrale für politische Bildung, bei der es wörtlich heißt:

*Aus dem Französischen übersetzt bedeutet Patriotismus „Vaterlandsliebe“. Ursprünglich ist es abgeleitet vom griechischen Wort „patriótes“ und das bedeutet „jemand, der aus demselben Geschlecht stammt“. Statt Vaterlandsliebe könnte man auch sagen „gefühlsmäßige Bindung an die kulturellen und geschichtlichen Werte und Leistungen des Volkes, in dem man lebt“. Ein Patriot hat oft eine besonders enge Beziehung zu den Symbolen seines Landes wie Hymne, Fahnen, Orden, bestimmte Feste, die an geschichtliche Ereignisse erinnern.*

*Patrioten gibt es in allen Ländern der Erde. Oft wird ein Satz des früheren amerikanischen Präsidenten John F. Kennedy zitiert, der an den Patriotismus seiner Landsleute mit dem Satz appellierte: „Frage nicht, was dein Land für dich tun kann, sondern was du für dein Land tun kannst.“ Damit sollten die Leis-*

*tungsbereitschaft und die Opferbereitschaft der Bürger gestärkt werden.*

*Falsch verstandener Patriotismus, der nur die eigene Nation gelten lässt und andere Nationen abwertet, nennt man Nationalismus. Er ist oft verbunden mit Überheblichkeit und Arroganz gegenüber Menschen anderer Nationalität. Eine solche Haltung kann zu schweren Störungen des Zusammenlebens in einem Staat, aber auch innerhalb der Staatengemeinschaft führen.*[192]

Will heißen: Es gibt richtigen und falschen Patriotismus. Versteht sich, dass der Bundespräsident in seiner Rede am 9. November 2018 den richtigen meinte, aber das in seiner Bedeutung eher schwammige Wort bedienet möglicherweise auch diejenigen, die nach übersteigertem Patriotismus verlangten.

Der französische Regierungschef Emmanuel Macron präsentierte am 11. November 2018 anlässlich der Gedenkfeierlichkeiten in Paris zum Ende des Ersten Weltkriegs 100 Jahre zuvor einen etwas anderen Zusammenhang der Begrifflichkeiten: „Patriotismus ist das exakte Gegenteil von Nationalismus. Nationalismus ist ein Verrat am Patriotismus. Wer sagt 'Unsere Interessen zuerst, ganz egal, was mit den anderen passiert', der löscht das Wertvollste aus, das eine Nation haben kann, das eine Nation groß macht und das Wichtigste ist: seine moralischen Werte.“[179]

Es ist offensichtlich, dass der französische Präsident damit auf den damals wohl weltweit bekanntesten Rechtspopulisten Donald Trump anspielte, der bei den Gedenkfeierlichkeiten in Paris anwesend war und den Rüffel mit steinerner Miene über sich ergehen ließ. Macron attackierte damit sowohl Trumps

„America First"-Politik als auch den US-Präsidenten persönlich, der sich in mehreren Äußerungen als „absoluten Nationalisten" bezeichnet. Die Differenzierung zwischen Patriotismus, Populismus und Nationalismus ist sicherlich wichtig und richtig, verwischt sich aber möglicherweise in der breiten Öffentlichkeit: Diese feinsinnigen Begriffsunterscheidungen eignen sich hervorragend für die hohe Politik, man könnte auch sagen für die Sonntagsreden, kommen aber mutmaßlich beim Wahlvolk überhaupt nicht an. In Volkes Worten drückte es wohl eher der CDU-Politiker Wolfgang Bosbach aus, als er 2019 sagte: „Niemand muss sagen: Ich bin stolz, ein Deutscher zu sein. Aber es wäre schön, wenn man es sagen dürfte, ohne in die rechtsradikale Ecke gestellt zu werden."[180]

Deutlich wurde die damalige Bundeskanzlerin Angela Merkel am 9. November 2018 auf der Pariser Gedenkfeier zum Ende des Ersten Weltkriegs. Sie stellte klar, dass populistisches Gerede und nationales Gehabe zur Katastrophe führen können: „Wohin nationale Selbstherrlichkeit und militärische Überheblichkeit führen können, hat der Erste Weltkrieg gezeigt. Wir sehen doch, dass internationale Zusammenarbeit, friedlicher Interessenausgleich, ja selbst das europäische Friedenswerk wieder infrage gestellt werden. Wir sehen die Bereitschaft, Eigeninteressen schlimmstenfalls wieder auch mit Gewalt durchzusetzen. Wir dürfen uns einfach mit den bewaffneten Konflikten nicht abfinden."[181]

Angesichts des russischen Truppenaufmarsches im Frühjahr 2022 im Osten Europas mutet Merkels Beschwörung im Nachhinein geradezu prophetisch an.

## Migration in die USA

Migration ist nicht etwa nur ein europäisches oder gar ein deutsches Phänomen, sondern ein weltweites, die USA eingeschlossen. Am 27. Januar 2017 unterzeichnete der damalige US-Präsident Donald Trump die Executive Order 13769, die Bürgern aus sieben mehrheitlich muslimischen Staaten 90 Tage lang, Flüchtlingen 120 Tage lang und Flüchtlingen aus Syrien dauerhaft die Einreise in die USA verbot. Gegen das Dekret wurden öffentliche Proteste laut und mehrere juristische Klagen erhoben.[182] Daher ersetzte Trump die Anordnung am 16. März 2017 mit der Executive Order 13780, die ebenfalls Gegenstand von juristischen Auseinandersetzungen wird. Am 24. September 2017 kam der „Muslim Travel Ban" in seiner dritter Version, indem er durch die Presidential Proclamation 9645 weiter geändert wurde.[183] Donald Trump versuchte mit allen Mitteln, die Einreise aus muslimischen Staaten zu unterbinden und die Migration zu stoppen. Dabei hatte er offensichtlich nur die Einreise per Flugzeug im Sinn.

Offenbar unterschätzte er die Migration auf dem Landweg. Zwar verkündete er während des Wahlkampfs 2016 allerorten eine Mauer zu Mexiko zu errichten.[184] Dazu kam es jedoch nie. Im Oktober 2018 machten sich mehr als 7.500 Menschen aus Mittelamerika im wahrsten Sinne des Wortes auf den Weg in die USA. Die Karawane startete zunächst in der Stadt San Pedro Sula in Honduras und schwoll auf ihrem Weg gen Norden immer weiter an.[185] Zwischen den Stühlen saß Mexiko, schon lange ein Transitland für mittelamerikanische Migranten, aber auch selbst Herkunftsland für Einwanderer in die USA. In einem bizarren Fernsehauftritt verkündete Mexikos noch bis 30.

November 2018 regierender Staatschef Pena Nieto, er werde nicht hinnehmen, dass die Zuwanderer „gewaltsam und ohne die notwendigen Papiere“ ins Land gelangten.

Indes marschierte die Migrantenkarawane aus Honduras, Guatemala und El Salvador auf die Grenzstädte Ciudad Hidalgo und Tapachula zu, die rund 3.800 Kilometer von der US-Grenze entfernt liegt. Die Grenze zwischen Guatemala und Mexiko war löchrig, sie hielt dem Ansturm kaum Stand. Bilder von verzweifelten Männern und Frauen mit Kinderwagen erreichten die Welt. Viele der Marschierer hatten zu diesem Zeitpunkt schon 3.000 Kilometer hinter sich gebracht. Sie wollten nicht umkehren. Die Fernsehbilder zeigten, wie sich eine große Menschenmenge durch ein Tor an einem Grenzposten drückte. Andere kletterten über die Grenzzäune, wieder andere sprangen von der Rodolfo-Robles-Grenzbrücke und versuchten, über den Fluss Suchiate die mexikanische Seite zu erreichen. Täglich schienen sich rund 700 weitere Menschen aus Honduras, Guatemala und El Salvador in Richtung Norden auf den Weg zu machen.[186]

Die Behörden in Mexiko waren von Anfang an völlig überfordert. Tränengas kam zum Einsatz, während gleichzeitig Flüchtlinge mit Bussen in Migrationszentren gebracht wurden. Es erinnerte stark an dieselben Tricks, die Österreich bereits im Sommer 2015 beim Ansturm von rund 5.000 Flüchtlingen aus Ungarn angewandt hatte: Der marschierende Tross wird an die nächste Grenze geleitet. Schließlich wollten die Lateinamerikaner letztlich nicht nach Mexiko, sondern in die Vereinigten Staaten von Amerika, ebenso wie die Ungarn-Marschierer drei

Jahre vor ihnen nicht nach Österreich, sondern nach Deutschland wollten.

Die Einheiten der mexikanischen Bundespolizei standen bereit, die Bevölkerung nahm die Neuankömmlinge überwiegend freundlich auf. Die Karawane schien unaufhaltsam. Weder massive Polizeiaufgebote noch ein rasch eingerichteter Pendelverkehr, der Rückkehrwillige an der guatemaltekisch-mexikanischen Grenzen per Bus zurückbrachte, zeigten Wirkung.

Die mexikanischen Behörden riefen die Migranten auf, sich formal zu registrieren, um sich nicht illegal im Land aufzuhalten. Mexikos linker Regierungschef ab 1. Dezember 2018, Andrés Manuel López Obrador, regte einen 30 Milliarden Dollar schweren länderübergreifende Entwicklungsfonds für die Armutsregionen an, für den er die USA und Kanada gewinnen wollte. Ziel war es, die Fluchtursachen in Lateinamerika zu bekämpfen. Nach Angaben der US-Regierung reisten allein 2017 rund 225.000 Menschen aus Lateinamerika in die Vereinigten Staaten ein, viele davon illegal.[187]

## Soldaten gegen Einwanderer

Im Herbst 2018 ließ Trump 5.200 US-Soldaten an die südliche Grenze der Vereinigten Staaten verlegen, um der nahenden Karawane aus Honduranern, Guatemalteken und Mexikanern entgegenzutreten. Das waren ungefähr so viele Soldaten wie die USA im Irak stationiert haben und etwa doppelt so viele wie in Syrien. Im November 2018 drohte er mit bis zu 15.000 Soldaten.[188]

Der Treck aus dem Süden war geradezu ein Geschenk für Trump, weil es ihm die Gelegenheit bot, als eine Art Held aufzutreten, der die Vereinigten Staaten von Amerika vor einem Ansturm der Latinos rettet. Er sprach von einer Invasion wirklich böser Menschen und machte sogar verdächtige Araber aus. Hollywood könnte es nicht „besser" inszenieren – nur, hier geht es um Realität: Soldaten gegen Väter, die Kinderwagen schoben, Mütter mit Babys, Kinder, die mit ihren Eltern Tag um Tag marschierten in der Hoffnung auf ein besseres Leben. Dessen ungeachtet wies Trump die US-Soldaten an, bei eventuellen Steinwürfen der anmarschierenden Migranten so zu handeln, als ob diese Waffen trügen – und deutete damit an, auf die Marschierer schießen zu lassen.[189]

Einen besonders perfiden Schritt zur Abwehr von Einwanderern verkündete das Weiße Haus im November 2018. Künftig sollten Migranten nur noch einen Asylantrag stellen dürfen, wenn sie über offizielle Einreisestellen ins Land gelangten. Wer es also „einfach so" über die Grenze schaffte, bekam nicht einmal die Gelegenheit, Asyl zu beantragen. Dieses Rechtskonstrukt war auch deshalb so perfide, weil es weltweit Schule machen könnte. Die südeuropäischen Länder etwa hätten nach einem solchen Verfahren nicht einmal mehr die Pflicht, Flüchtlingen, die über das Mittelmeer an die Küste gelangten, die Möglichkeit auf Asyl zu geben, sondern könnten sie unmittelbar abweisen bzw. zurückführen. In den USA wäre ein solches Vorgehen wohl rechtmäßig, wenn der Präsident glaubhaft machen kann, dass durch die illegale Migration die nationale Sicherheit gefährdet ist. Die Menschen in der Migrantenkarawane, die seit Herbst 2018 von Lateinamerika über Mexiko in Richtung USA zog, stellten allerdings im November 2018 klar, dass sie sich als

Präzedenzfall betrachten und die UNO in der Pflicht sähen. Sie warfen den Vereinten Nationen „feiges Stillschweigen“ vor und forderten von ihnen Busse für die Weiterfahrt. Damit wurde mehr oder minder auch Trumps Konzept, Asylanträge nur noch bei der Einreise über offizielle Grenzübergänge zuzulassen, auf die Weltbühne gehoben. Und das genau zu der Zeit, als in vielen Parlamenten rund um den Globus über den UNO-Migrationspaket gestritten wurde, der Anfang Dezember 2018 in Marokko unterzeichnet wurde.[190]

Im Februar 2019 sprach US-Präsident Donald Trump von einer „Krise der nationalen Sicherheit an unserer Südgrenze“ und einer "Invasion unseres Landes" und rief den nationalen Notstand aus. Der „National Emergencies Act“ sieht vor, dass der amtierende US-Präsident am Kongress der Vereinigten Staaten von Amerika vorbei Haushaltsgelder ausgeben darf, um das Land zu retten. Das war kein Sonderfall: Mit dem Trump-Notstand waren insgesamt 32 Notstände in den USA in Kraft. Viele bestanden über Jahrzehnte, meist drehten sie sich um finanzielle Maßnahmen gegen Fremdstaaten und internationale Verbrecher. Den bekanntesten Notstand rief George W. Bush nach den Anschlägen vom 11. September 2001 aus; er dauert bis heute an. Trump wollte mit dem Notstand nur eines: Gelder für den Bau der Mauer an der Grenze zu Mexiko freimachen. Vor 2020 war schon aus damaliger Sicht keineswegs mit dem Mauerbau zu rechnen – bis dieser schließlich von Trumps Amtsnachfolger Joe Biden offiziell abgesagt wurde.[191]

Die Annahme, dass die rigorose Bekämpfung illegaler Einwanderer in die USA erst unter Präsident Donald Trump begann, ist übrigens falsch. Schon sein Amtsvorgänger Barack

Obama ließ 2010 rund 1.200 Soldaten der Nationalgarde an die Südgrenze des Landes verlegen, um die illegale Einwanderung aus Mexiko zu unterbinden. Zudem stellte Obama für die Sicherung der rund 3.000 Kilometer langen Grenze zu Mexiko eine halbe Milliarde Dollar bereit.[192] Der Schutz vor unerwünschter Migration war also keineswegs eine „Erfindung" von Trump, aber er zelebrierte das Thema auf seine eigene Art martialischer als seine Vorgänger und setzte es damit intensiv für seine politische Agitation ein.

Im Frühjahr 2021 erlebte die Regierung von US-Präsident Joe Biden ihre erste Krise, als an der US-Grenze zu Mexiko so viele illegal eingewanderte Migranten aufgegriffen wurden wie seit fünf Jahren nicht mehr. Täglich versuchten offenbar 700 bis 1000 Flüchtlinge in die USA zu gelangen; allein im Februar 2021 wurden beinahe 100.000 Menschen beim illegalen Grenzübertritt ertappt. Unter ihnen waren Tausende unbegleitete Minderjährige. Das war vermutlich kein Zufall: Eine Notstandsregel in der Pandemie 2020/21 erlaubte es, Geflüchtete sofort abzuschieben – es sei denn, es handelt sich um Jugendliche, die alleine unterwegs sind. Diese konnten ins Land. Prompt eröffnete die Biden-Regierung Notlager, die von Trump schon errichtet worden waren, von Biden jedoch zunächst aus humanitären Gründen geschlossen wurden. „Wenn man sagt, dass man Einwanderungsgesetze nicht durchsetzt und keine Grenzmauer bauen wird, dann hat das Konsequenzen" sagte die Republikanerin Liz Cheney, die dem Repräsentantenhaus der USA angehört. Es war im Grunde derselbe Vorwurf, der Angela Merkel schon fünf Jahre zuvor in Deutschland gemacht wurde: Durch die Ankündigung einer „lockeren Einlasskontrolle" ins Land werden alle angelockt, die einreisen wollen. Anders ausgedrückt: Nur eine rigide Migrationspolitik verhindert den Ansturm an den Grenzen.[193]

# Die Rolle der UNO

Die Vereinten Nationen (UNO) wurden nach dem Zweiten Weltkrieg am 24. Oktober 1945 gegründet mit dem Ziel, einen Dritten Weltkrieg unter allen Umständen zu verhindern. Gleichzeitig will die UNO die Auswirkungen von Kriegen überall auf der Welt lindern. Dazu gehört auch der menschenwürdige Umgang mit Flüchtlingen, die durch Krieg oder andere Ursachen aus ihrer Heimat vertrieben werden. Am 28. Juli 1951 wurde die Genfer Flüchtlingskonvention (GFK) verabschiedet, die über Jahrzehnte hinweg die weltweit anerkannte Grundlage für den Umgang mit Flüchtlingen darstellt.[194]

Aber erst seit der Jahrtausendwende gerieten die Themen Migration und Bevölkerungsentwicklung wieder verstärkt ins Blickfeld der Vereinten Nationen. Im Jahr 2000 veröffentlichte die Abteilung Bevölkerungsfragen der UNO (UN Population Division) eine bemerkenswerte Studie mit dem Titel „Bestandserhaltungsmigration: Eine Lösung für abnehmende und alternde Bevölkerungen?“ (Replacement Migration: Is it a Solution to Declining and Ageing Populations?).[195] Die Staatengemeinschaft beschäftigte also die Frage, ob ihre Länder angesichts des Bevölkerungsrückgangs und der Überalterung in vielen Staaten nicht sozusagen im wörtlichen Sinne vom Aussterben bedroht sind. Daher wurde „Bestandserhaltungsmigration“ definiert als „Zuwanderung aus dem Ausland, die benötigt wird, um den Bevölkerungsrückgang, das Schrumpfen der erwerbsfähigen Bevölkerung sowie die allgemeine Überalterung der Bevölkerung auszugleichen“. Die UNO legte mehrere Szenarien zur Entwicklung in Deutschland, Frankreich, Großbritannien, Italien, Europa, der Europäischen Union, Japan, Südkorea, den USA und der Russischen Föderation bis 2050 vor. Das Fazit der Studie war eindeutig: Für die meisten Industrienationen ist eine hohe Zuwanderung zwingend notwendig, um der Überalterung und dem Aussterben vorzubeugen.

In einem der Szenarien, das darauf abzielt, die Bevölkerung im erwerbsfähigen Alter konstant zu halten, wird für Deutschland eine notwendige Nettomigration 1995 bis 2050 von insgesamt 25,2 Millionen Menschen errechnet, für die Europäische Union übrigens von 79,6 Millionen. Die Gesamtbevölkerung im Jahr 2050 in Deutschland wird hierbei auf immerhin 92 Millionen Menschen veranschlagt. Die „mittlere Variante" geht von 11,4 Millionen Zuwanderern in 55 Jahren aus, eine weitere Variante von 40,5 Millionen und damit 113,2 Millionen Einwohnern 2050. Mit anderen Worten: Die Vereinten Nationen stuften die Migration in die Industrieländer wie Deutschland als äußerst sinnvoll und sogar zwingend notwendig ein, während gleichzeitig eine erstarkende nationale Politik in diesen Ländern genau das Gegenteil anstrebte. Der Konflikt war von Anfang an vorprogrammiert.[196]

## UNO-Migrationspakt

Im Angesicht der Asylantenwelle, die 2015 und schon zuvor auf Europa zukam und bei der deutlich wurde, dass die europäischen Länder nicht „einfach so" bereit und auch schlichtweg überfordert waren, Asylsuchende in derart großer Zahl aufzunehmen, bereitete die UNO zwei neue weltweite Verträge zum Umgang mit Flüchtlingen und Migranten vor. Die 193 UN-

Mitgliedstaaten einigten sich am 19. September 2016 auf dem Gipfel für Flüchtlinge und Migranten in ihrer New Yorker Erklärung (New York Declaration) darauf, zwei neue Rahmenwerke zu diesem Thema bis Ende 2018 zu erarbeiten. Ein „Globaler Pakt für Flüchtlinge" (Global Compact on Refugees) sah vor allem eine verbesserte Unterstützung der Hauptaufnahmeländer von Flüchtlingen sowie mehr international koordinierten Maßnahmen bei großen Fluchtbewegungen für Menschen vor, die den Kriterien der Genfer Flüchtlingskonvention entsprechen.[197] Ein „Globaler Pakt zu sicherer, geordneter und regulärer Migration" (Global Compact for Safe, Orderly and Regular Migration) legte die Grundlagen für eine verstärkte Kooperation aller Länder in der internationalen Migrationspolitik fest.[198] Dieser zweite Pakt knüpfte unmittelbar an die im September 2015 verabschiedete UNO-Agenda 2030 mit ihren 17 „Sustainble Development Goals" an, also 17 Zielen für eine nachhaltige Entwicklung auf unserer Erde.[199]

Am 31. Januar bzw. 5. März 2018 lagen die Entwürfe vor. Es handelte sich nicht um völkerrechtlich verbindliche Abkommen, sondern um bloße Absichtserklärungen, die als Leitlinien dienen könnten. Die UNO-Gesandte der USA, Nikki Haley, stellte allerdings bereits Ende 2017 klar, dass ihr Land sich nicht daranhalten werde. Der globale Ansatz in der New Yorker Erklärung wäre nicht mit der Souveränität der USA zu vereinbaren, wurde sie zum Echo der Trump'schen Abschottungspolitik, die sich auch viele politische Kräfte in ähnlicher Form für Europa wünschten. Trumps Amtsnachfolger Joe Biden verkündete 2021 eine menschlichere Migrationspolitik und pflegt eine viel UNO-freundlichere Rhetorik als sein Vorgänger, aber in der Sache fühlt er sich offensichtlich den UNO-Pakten ebenso wenig verbunden wie Trump.

Der von der UNO erarbeitete Migrationspakt wurde auf der sogenannten Marokko-Konferenz 2018 angenommen. UNO-Generalsekretär António Guterres machte dazu in einer Erklärung am 12. Januar 2018 klar, dass die UNO die weitere weltweite Migration für unumgänglich, positiv und zu bewältigen hält. Er sagte: „Migration treibt Wirtschaftswachstum an, reduziert Ungleichheiten und verbindet unterschiedliche Gesellschaften. ... Der demografische Druck und der Einfluss des Klimawandels auf verletzliche Gesellschaften werden wahrscheinlich zu weiterer Migration in den kommenden Jahren führen. ... ist dies eine beispiellose Gelegenheit für die politisch Verantwortlichen, die schädlichen Mythen gegenüber Migranten anzugehen und eine gemeinsame Vision zu entwickeln, durch die Migration für all unsere Nationen funktionieren kann. ... Migranten leisten enorme Beiträge sowohl für ihre Gast- als auch ihre Herkunftsländer. Indem sie von der lokalen Bevölkerung unbesetzte Stellen füllen, stärken sie die Wirtschaft. ... Migranten leisten außerdem einen entscheidenden Beitrag zur internationalen Entwicklung, indem sie Geld in ihre Heimatländer überweisen. Im vergangenen Jahr lag der Gesamtbetrag dieser Geldtransfers bei 600 Milliarden Euro (gemeint wohl: US-Dollar), dreimal höher als die weltweite Entwicklungshilfe. ... Zum Wohl von Wirtschaft, Gesellschaft und Migranten müssen Staaten ... den Gesetzesrahmen stärken, durch den sie Migranten verwalten und schützen. Staaten, die Migration oder den Zugang von Migranten zum Arbeitsmarkt massiv beschränken, fügen sich selbst unnötigen wirtschaftlichen Schaden zu, indem sie verhindern, dass legale Migration ihren Bedarf an Arbeitskräften deckt.

Und noch schlimmer: Sie befördern illegale Migration. ... Migranten, denen legale Einreisemöglichkeiten verwehrt werden, greifen unweigerlich auf illegale Methoden zurück. Legale Einreise zu ermöglichen, ist der beste Weg, das Stigma der Illegalität und des Missbrauchs von Migranten zu beenden, Anreize für Regelverstöße zu beseitigen und den Arbeitsmarkt effektiv mit ausländischen Arbeitskräften zu versorgen. ... Es reflektiert auch das akute politische Versagen: Unregulierte Massenbewegungen in aussichtslosen Umständen befeuern das Gefühl, dass Staatsgrenzen bedroht sind und Regierungen die Kontrolle verloren haben. Dies wiederum führt zu drakonischen Grenzkontrollen, welche unsere gemeinsamen Werte untergraben und die Tragödien der letzten Jahre fortbestehen lassen. ... Wir müssen unsere Verpflichtungen erfüllen und das Leben und die Menschenrechte jener Migranten schützen, die vom bestehenden System im Stich gelassen wurden.“[200]

Dementsprechend plädierte der UNO-Generalsekretär dafür, „Maßnahmen (zu) ergreifen – durch Entwicklungszusammenarbeit, Klimaverhandlungen und Konfliktprävention –, um solch unregulierten großen Bewegungen von Menschen in der Zukunft zu vermeiden“. In seinem Bericht „Making Migration Work for All“, verteilt im Dezember 2017, der gedanklich eine Art Vorentwurf des Globalen Migrationspakts darstellte, bezifferet Guterres die Zahl internationaler Migranten auf derzeit 258 Millionen Menschen, mit steigender Tendenz, und verkündete: „Die fundamentale Herausforderung, vor der wir stehen, besteht darin, den Nutzen von Migration zu maximieren, anstatt sich obsessiv mit der Minimierung der Risiken zu befassen“.[201]

Der Bericht des Generalsekretärs beschrieb auf 25 Seiten umfassend die Strategie der Vereinten Nationen beim Thema Migration. Das Papier war als eine Blaupause für die Mitgliedsstaaten konzipiert, die sich dieses Konzept nach den Vorstellungen der UNO wohlwollend zu eigen machen sollten. Der Bericht las sich gut, sehr gut, aber er schien auch weit, sehr weit, sowohl vom politischen Alltag der Regierungen in den betroffenen Staaten als auch von deren Bevölkerung entfernt zu sein.

Im Kern gingen die Vereinten Nationen davon aus, dass Migration gleichgültig in welcher Form eine Bereicherung für die Aufnahmestaaten darstellt. Schon dies stellte eine Annahme dar, die unabhängig davon, ob sie richtig oder falsch ist, im politischen Alltag der Jahre 2018/19 und vermutlich auch nach der Coronakrise weiterhin in den westlichen Industrienationen keine Verankerung findet. Zwar hieß es auch im Guterres-Bericht: „Wir müssen auch Respekt gegenüber Gemeinschaften zeigen, die befürchten, Verlierer der Migration zu sein. Zwar gibt es stichhaltige Beweise dafür, dass sowohl Aufnahme- als auch Herkunftsländer von der Migration profitieren, aber wir können vor den Wahrnehmungen und Sorgen der Bürger nicht unsere Augen verschließen. Dort wo Ungleichheit und wirtschaftliches Elend herrschen, wird der Migration häufig die Schuld dafür zugewiesen. Sicherlich muss man erklären, warum solche Auffassungen irregeleitet sind, wenn man aber sicherstellen will, dass Migration allen nutzt, muss man auch auf die tiefergehenden Unsicherheiten und Ängste aller Bürger eingehen.“ Anders formuliert: Wer die Annahme, dass die Aufnahmestaaten in jedem Fall von der Migration profitieren, infrage stellt, ist „irregeleitet“.

Weiter hieß es bei der UNO: „Migranten bringen Fachwissen und Unternehmergeist mit, die ihren Aufnahmegesellschaften zugutekommen. Migration trägt ebenso zur Verbesserung von Qualifikationen und Bildung in den Herkunftsländern bei. Migranten und Rückkehrer verbreiten Ideen und motivieren andere dazu, sich wirtschaftlich verbessern zu wollen." Es war ein schönes Menschenbild, das hier gezeichnet wurde, ein Idealzustand, für den es sicherlich auch zahlreiche Beispiele gibt. Und es stand den Vereinten Nationen und ihrem Generalsekretär sicherlich gut an, von einem solchen positiven Menschenbild auszugehen. Aber es spiegelte in keiner Weise die Welt wider, in der sich die Bevölkerung etwa in Deutschland seit 2015 wähnte.

Bei der Sprache mahnte die UNO zu „Political Correctness". Wörtlich hieß es bei Guterres: „Zur Förderung einer respektvolleren Migrationsdebatte gehört letztlich auch die Vermeidung einer entmenschlichenden Sprache. Wer sich abwertend über „illegale Einwanderer" äußert, verhindert einen vernünftigen Dialog über die Beweggründe und Bedürfnisse dieser Menschen. Selbst im Rahmen objektiver Analysen wird auf ein Vokabular zurückgegriffen, dass zwar neutral sein soll, aber doch einen Mangel an Respekt ausdrückt. Statistiksachverständige etwa sprechen, ohne dass sie damit negative Konnotationen beabsichtigen, von „Beständen" und „Strömen", wenn sie sich auf die Zahl der Migranten in einem Land und die Menschen, die unterwegs sind, beziehen. Doch wenn wir uns im öffentlichen Diskurs solcher Begriffe bedienen, laufen wir Gefahr, Menschen auf bloße Messgrößen zu reduzieren. Unser Ziel sollte sein, den Diskurs über Migranten so zu führen, dass ihre Würde und ihre Rechte respektiert werden, genauso wie wir die Bedürfnisse und Meinungen der Gemeinschaften, die von der Migration betroffen sind, respektieren müssen.“ Das war einerseits sicherlich richtig. Andererseits musste man feststellen, dass die UNO selbst ebenfalls sehr stark auf manipulative Begriffe setzte. Insbesondere verwendete sie durchweg den Begriff der „irregulären Migration“, wenn eigentlich eine „illegale Migration“ gemeint war. Es war genau dies, was einer einheimischen Bevölkerung schwer vermittelbar war, dass Gesetze scheinbar außer Kraft treten, wenn es um Zuwanderung geht. Dass für sie der Grenzübertritt ohne Ausweis illegal sein soll, für andere aber nur irregulär. Wieder einmal tappten diejenigen, denen die Humanität am Herzen liegt, in die Falle der politischen Korrektheit. Immerhin räumte der UNO-Bericht ein: „Tritt ... innerhalb kurzer Zeit eine große Zahl an Migranten in einen Arbeitsmarkt ein, kann sich dies kurzfristig destabilisierend auf Beschäftigung und Löhne auswirken. Die nationale Migrationspolitik sollte daher den Bedürfnissen der lokalen Gemeinschaften und Erwerbsbevölkerung Beachtung schenken.“

Gleichzeitig sorgte sich der UNO-Generalsekretär, dass die Migranten, wenn sie von den Aufnahmestaaten nicht in ordentliche Arbeitsverhältnisse gebracht werden, „in der Untergrundwirtschaft arbeiten“. Er schrieb: „Neueren Schätzungen zufolge sind 23 Prozent der 24,9 Millionen Menschen, die weltweit Zwangsarbeit leisten, internationale Migranten, wohingegen sie nur etwa 3,4 Prozent der Weltbevölkerung ausmachen.“

Antonio Guterres forderte zudem im Namen der Vereinten Nationen die Öffnung von „mehr legalen Zugangswegen“ und bezweifelte, dass Rückführungen „die gewünschte abschreckende Wirkung haben“.

„Wir müssen mehr tun, um die Fluchtursachen in den Herkunftsländern der Zuwanderer zu bekämpfen“, lautete eine häufig geäußerte Forderung auch in der deutschen Politik. So schrieb die Friedrich-Ebert-Stiftung in einer Stellungnahme „Fluchtursachen Made in Europe: „Für viele ist die Entscheidung, ihr Zuhause zu verlassen, eine notwendige Anpassungsstrategie an sich verschlechternde Lebensbedingungen und hat tief liegende politische, ökologische und wirtschaftliche Ursachen. Zahlreiche Faktoren machen das Leben in vielen Teilen unseres Planeten zunehmend unerträglich oder sogar unmöglich. Menschen fliehen vor Konflikten und Kriegen, und je länger die Gewalt andauert, desto länger sind sie zu einem oftmals prekären Leben als Flüchtlinge gezwungen. Naturkatastrophen wie Dürren gefährden immer mehr Existenzen und befeuern Konflikte über knappe Ressourcen. Diskriminierung bis hin zur offenen Verfolgung lassen Menschen oft keine andere Wahl, als zu fliehen. Armut, Ungleichheit und Perspektivlosigkeit besonders unter Jugendlichen grassieren in vielen Gesellschaften.“[207]

Hingegen sah die UNO nur begrenzte Möglichkeiten, mit Entwicklungshilfe vor Ort die Migrationsbewegungen einzudämmen. Im Guterres-Bericht vom 12. Dezember 2017 hieß es dazu: „Zwar besteht in der Tat ein Zusammenhang zwischen Migration und Entwicklung, doch muss die Vorstellung angezweifelt werden, dass Staaten mit hohem Einkommen die Zuwanderung aus Staaten mit niedrigem Einkommen ganz einfach verringern können, indem sie die Entwicklungshilfe aufstocken. Dieser Gedanke beruht auf der Annahme, dass mit steigendem Wohlstand der Staaten immer weniger ihrer Bürgerinnen und Bürger das Bedürfnis haben, ihr Glück im Ausland zu suchen. Jüngere Untersuchungen legen jedoch den Schluss nahe, dass der Zusammenhang zwischen Entwicklungshilfeleistungen und Migration nicht ganz so direkt oder linear ist. Internationale Entwicklung ist für sich genommen schon eine gute Sache, und Migration ist ein fester Bestandteil einer nachhaltigen Entwicklung weltweit."

Natürlich war das Ziel nachvollziehbar, angesichts weiterer Flüchtlings- und Migrationsströme – die im Übrigen von der UNO als unaufhaltsame Entwicklung eingestuft wurden – einen globalen Rahmen zu schaffen. Dabei wurde allerdings den Aufnahmestaaten die äußerst schwierige Rolle zugeschrieben, für unzählige Menschen aus dem Ausland annehmbare Rahmen- und Lebensbedingungen zu schaffen. Insbesondere genügte es den Vereinten Nationen keineswegs, die Geflüchteten in Sicherheit zu bringen, sondern es ging deutlich weiterführender darum, sie möglichst nahtlos in den Arbeitsmarkt der Aufnahmeländer einzugliedern. Besonders damit war der Spagat zwischen der internationalen Ordnung und der Souveränität der Nationalstaaten äußerst schwierig. Mögliche problematische Auswirkungen auf die Aufnahmeländer wurden von der UNO zwar thematisiert, aber eher kleingeredet. Dazu zählten Veränderungen der Gesellschaftsstrukturen, mögliche Unverträglichkeiten und Konflikte kultureller Werte, die geringe formale Bildung und unzureichende berufliche Qualifikation von Teilen der Zuwandernden oder die hohe Beanspruchung vorhandener Sozialsysteme.

Ungeachtet dessen signalisierte das Europäische Parlament am 18. April 2018 in einer langen Entschließung den Vereinten Nationen Zustimmung sowohl zur „Global Compact for Safe, Orderly and Regular Migration" als auch zur „Global Compact on Refugees".[202] Nur einen Tag später diskutierte der Deutsche Bundestag im Rahmen einer Aktuellen Stunde über das geplante UNO-Regelwerk. Dabei stellten sich alle demokratischen Parteien hinter die internationalen Absichtserklärungen.[203]

Auf eine Kleine Anfrage antwortete die Bundesregierung unter anderem: „Der globale Migrationspakt soll rechtlich nicht bindend und damit kein völkerrechtlicher Vertrag im Sinne von Artikel 59 Absatz 2 Satz 1 Grundgesetz sein. Nationale Hoheitsrechte werden durch den globalen Migrationspakt weder eingeschränkt noch übertragen. ... Deutschland leistet im Rahmen der Verhandlungen über den globalen Migrationspakt keine Zahlungen an die „Internationale Organisation für Migration" (IOM). ... Der globale Migrationspakt zielt gerade auf eine Stärkung sicherer, geordneter und regulärer Migration unter Betrachtung aller relevanten Faktoren. Die Bundesregierung unterstützt diese Zielsetzung und setzt sich in den Verhandlungen zum globalen Migrationspakt auch dafür ein, irreguläre Migration zu reduzieren."[204]

Was „rechtlich nicht bindend" aber sehr wohl heißen kann, zeigt exemplarisch eine Forderung der SPD-Fraktion in Schleswig-Holstein im Jahr 2021. Um den Anteil der Migranten in der Landesverwaltung zu erhöhen, sei bei gleicher Eignung deren „vorrangige Auswahl" bei der Besetzung von Stellen in der öffentlichen Verwaltung notwendig, forderte die Fraktion. Die SPD verwies dabei auf eine ähnliche Handhabung in Hamburg; dort gab es für Menschen mit Migrationshintergrund einen „Zielwert von 20 Prozent" aller Beschäftigten in der öffentlichen Verwaltung. Streit gab es im Wesentlichen nur noch um die Frage, ob es den Migranten zugemutet werden kann, ein Bekenntnis zur freiheitlich-demokratischen Grundordnung der Bundesrepublik Deutschland abzulegen.[205] Das Beispiel verdeutlichte, dass die UNO-Pakte über die Symbolik weit hinausgehend durchaus konkrete Wirkung entfalten. Zurück ins Jahr 2018.

Am 13. Juli 2018 einigten sich ungeachtet des Boykotts durch die USA die übrigen mehr als 190 UNO-Mitgliedsstaaten auf den weltweiten Migrationsvertrag. Sie folgten der Argumentation von UNO-Generalsekretär António Guterres und stimmten dem „Global Compact for safe, orderly and regular Migration" zu. Er sollte die sichere und geordnete Migration fördern sowie dem Menschenhandel entgegenwirken. In dem Papier hieß es: „Kein Land kann die Herausforderungen und Chancen dieses weltweiten Phänomens allein angehen." Guterres erklärte: „Länder haben das Recht und sogar die Verantwortung für ihre eigene Einwanderungspolitik und den Schutz der Grenzen. Aber sie müssen dabei die Menschenrechte respektieren." 60.000 Migranten seien seit dem Jahr 2000 auf ihrer Reise oder Flucht ums Leben gekommen, trug er die Zahlen in New York vor, die die Welt zur mehr Menschlichkeit aufrufen sollten. Der UNO-Generalsekretär sprach von einem globalen Missverständnis beim Thema Migration: sie sei Chance, nicht Risiko. Er verwies auf 250 Millionen Migranten weltweit, drei Prozent der Weltbevölkerung, die zehn Prozent des Bruttosozialprodukts der Welt erwirtschafteten. Dann wurde er sehr persönlich und erzählte von seiner Mama. Mutter Guterres war zu dieser Zeit 95 Jahre alt, lebte in Portugal und musste rund um die Uhr gepflegt werden – natürlich von Einwanderern. „Ich habe nie einen Portugiesen gesehen, der sich um meine Mama kümmerte", sagte der UNO-Generalsekretär in New York.[206]

Im September 2018 wure das internationale Vertragswerk der UNO-Generalversammlung in New York vorgelegt und am 10. Dezember 2018 von 164 Staaten auf einer Konferenz in Marokko angenommen. 28 Länder – darunter die USA, Österreich, Italien, Ungarn, Polen und Tschechien, Australien, Israel, Chile, Lettland und die Slowakei – lehnten den Pakt ab. Der globale Migrationspakt war ohnehin rechtlich nicht bindend. Letztlich können die Regierungen aller Länder, die formal zustimmen, eine Migrationspolitik nach ihrem eigenen Gutdünken in die Wege leiten. Kritiker sagen, dadurch seien Staaten wie die Vereinigten Staaten von Amerika möglicherweise am ehrlichsten von allen Ländern, weil sie dem UNO-Werk gar nicht erst formal zustimmten.[207] Nach Angaben der UNO ist die Welt mit über 84 Millionen auf der Flucht ins Jahr 2022 gegangen. Unter ihnen waren 26,6 Millionen Flüchtlinge, 4,4 Millionen Asylsuchende und schätzungsweise fast 51 Millionen Binnenvertriebene.[208] Mehr als 60.000 ireguläre Einwanderer sind seit 2000 auf dem Weg in eine vermeintlich bessere Zukunft gestorben.[209]

Die auflagenstärkste Tageszeitung Deutschlands gab vor, wie die Bevölkerung darüber zu denken hat: „*Bild* beim Absurd-Gipfel in Marrakesch. UNO peitscht umstrittenen Migrationspakt durch. Niemand dagegen. Alle dafür. Fertig.“ So stand die deutsche Bundeskanzlerin, die als beinahe einziger Regierungschef überhaupt nach Marrakesch gereist war, zumindest in der hiesigen Berichterstattung weitgehend auf verlorenem Posten, als Angela Merkel in Marokko trotzig verkündete: „Globalisierung, wenn sie menschlich gestaltet werden soll, kann nur gelingen, wenn alle Länder Chancen haben, sich zu entwickeln. Deshalb geht es bei der Auseinandersetzung über diesen Pakt um nicht mehr und nicht weniger als um ein klares Bekenntnis zum Multilateralismus. Nur so werden wir diesen Planeten besser machen können."[210]

Konkrete Auswirkungen auf die Bundespolitik sind vom UNO-Pakt in den 2020er Jahren nicht zu erwarten. Zwar sollten die Mitgliedsstaaten auf nationaler Ebene Aktionspläne erstellen und die Migration in Strategien in den Bereichen Entwicklung, Gesundheit, Bildung, Wohnungswesen, Beschäftigung und soziale Inklusion integrieren. Aber diese Notwendigkeiten ergeben sich ohnehin und völlig unabhängig vom UNO-Werk.

Zusätzlich zum Migrationspakt beschlossen die Vereinten Nationen kurz vor Weihnachten 2018 noch den UNO-Flüchtlingspakt. Dieser sollte vor allem ärmeren Ländern helfen, die besonders viele Flüchtlinge aufnehmen.[211] Am 17. Dezember 2018 stimmten 181 von 193 Mitgliedstaaten in der UNO-Vollversammlung in New York dem zweiten Pakt zu. Nur die USA und Ungarn lehnten den erneuten Pakt ab. Drei Staaten enthielten sich, die weiteren Länder blieben der Sitzung fern – auch eine Möglichkeit, sich der Abstimmung zu enthalten. Wie schon beim UNO-Migrationspakt war es in der Sache ohnehin egal: Der Flüchtlingspakt war ebenso unverbindlich. Eilanträge an das Bundesverfassungsgericht in Karlsruhe, um die deutsche Annahme beider Pakte zu verhindern, scheiterten. Deutschland zählt nach Angaben der UNO zu den zehn Ländern, die weltweit am meisten Flüchtlinge aufnehmen.[212]

Die beiden Pakte der Vereinten Nationen waren ehrenhaft, so ehrenhaft wie etwas zu lang geratene Sonntagsreden, die sich in eine positive Betrachtung der Welt verstiegen – weit von der Realität entfernt.

## Realitätsferne der UNO

Die Realitätsferne der UNO zeigte sich an einem Beispiel aus Frankreich. In einer Art Kampf der Kulturen verbot Frankreich 2010 unter dem damaligen Präsidenten Nicolas Sarkozy als erstes europäisches Land Burkas zur Vollverschleierung von Frauen. Sie widersprächen der weltlichen Ordnung Frankreichs, erniedrigten die Frauen und stellten zudem ein Sicherheitsrisiko dar, begründete Sarkozy die Maßnahme. Später folgten Österreich und Dänemark dem Schritt Frankreichs.

Fünf Jahre später warfen die Vereinten Nationen Frankreich wegen des Burka-Verbots die Verletzung der Menschenrechte vor. Der UNO-Menschenrechtsausschuss in Genf fühlte sich nicht überzeugt, dass das Verbot wirklich notwendig sei. Frankreich widersprach der UNO-Bewertung, die ohnehin rechtlich nicht bindend war. Der Vorfall stellte ein gutes Beispiel dar, wie sich die UNO nicht nur einmal mehr als Papiertiger erwie, sondern mit ihrer für die Bevölkerung weitgehend unverständlichen Kritik den rechten Kräften geradezu Auftrieb verschafft.

Dass es sich beim Verbot der Vollverschleierung eher um Symbolpolitik handelte, bewies die Lage in Österreich. Seit dem 1. Oktober 2017 war in Österreich das Anti-Gesichtsverhüllungsgesetz in Kraft. Es sollte verhindern, dass Frauen mit der Ganzkörperbedeckung Burka oder dem Gesichtsschleier Niqab unterwegs sind. Eine Wirkungsüberprüfung im Frühjahr 2018 ergab insgesamt 29 Anzeigen wegen Gesetzesverstöße, 15 davon in Wien und 14 außerhalb. Unter den 14 Anzeigen waren allerdings nur vier wegen Tragens einer Burka, und die betrafen immer dieselbe Frau. Diese wollte sich also offenbar dem Zwang nicht beugen. Die zehn weiteren Anzeigen betrafen Personen, die Skimasken trugen oder Atemschutz, wie man es bei Asiaten häufig auf den Flughäfen sieht (und die 2020/21 angesichts der Pandemie für jedermann zum Alltag gehörten). Außerdem war ein Mann betroffen, der in einem Haifischkostüm für die Neueröffnung eines Computerladens in Wien warb. Nähere Angaben über die weiteren Wiener Fälle machten die Behörden nicht, möglicherweise, um sich nicht noch mehr der Lächerlichkeit preiszugeben.

Die geringe Wirkung änderte aber vermutlich nicht viel an der symbolischen Wirkung. Der Begriff „Gesicht zeigen" steht eben auch für Offenheit und Ehrlichkeit, dafür, sich zu seiner Meinung zu bekennen, für seine Überzeugung einzustehen. Genau diese Bedeutung war gemeint, als der Zentralrat der Juden am 4. März 2016 dem Berliner Verein „Gesicht Zeigen! Für ein weltoffenes Deutschland", der sich gegen Rechtsextremismus einsetzt, den Paul-Spiegel-Preis für Zivilcourage zuerkannte.

Die Glaubwürdigkeit der UNO beim Thema Asyl litt allerdings nicht nur unter Einzelaspekten wie etwa ihrer Haltung zur Verschleierung, sondern vor allem auch bei ihrem Versagen, den Krieg in Syrien zu beenden. Wenn es eine „Mutter der Migration" gibt, dann ist es dieser „kleine Weltkrieg", der 2011 im Rahmen des Arabischen Frühlings als Bürgerkrieg begann und danach angetrieben durch den Einfluss ausländischer Staaten geradezu explodierte. Aufgrund der Beteiligung Russlands und der USA entstand ein überregionaler Konflikt mit geostrategischen Implikationen, der durch die Luftangriffe der Türkei und den Einmarsch türkischer Truppen im Frühjahr 2018 verschärft wurde. Schon 2015 waren rund 11,6 Millionen Syrer auf der Flucht, davon 6,3 Millionen innerhalb Syriens. Mindestens fünf Millionen Kriegsflüchtlinge schafften es, aus Syrien herauszukommen, viele davon gelangten nach Europa. Die Syrien-Krise entwickelte sich zur größten humanitären Katastrophe seit dem Zweiten Weltkrieg. Die Europäische Union war seit Beginn der Konflikte im Land engagiert und versucht, das Leben der Betroffenen durch humanitäre Hilfe zu erleichtern. Jedweder Versuch, auf diplomatischen Wegen Frieden herbeizuführen, scheiterte allerdings.[213]

Mehr als vier Jahre lang bemühte sich der italienisch-schwedische Syrien-Vermittler Staffan de Mistura als Sondergesandter der Vereinten Nationen, das seit sieben Jahren andauernde Blutvergießen zu beenden – vergeblich. Ganz im Gegenteil eskalierte die Gewalt immer weiter während der bislang neun diplomatischen Gesprächsrunden.[214] Russland und die Vereinigten Staaten von Amerika missbrauchten den Sicherheitsrat der Vereinten Nationen immer und immer wieder, um den Frieden in Syrien zu verhindern. Rund eine halbe Million Menschen verloren in diesem Krieg ihr Leben. Der UNO blieb lediglich die flehentliche Bitte, die Kriegsparteien mögen zumindest den Helfern Zugang zu Hungernden und Verletzten gewähren.[215]

## Österreich wendet der UNO den Rücken zu

Nach den USA wendeten sich gegen Ende 2018 zahlreiche Länder vom UNO-Flüchtlingspaket ab; 28 Staaten wie beispielsweise Österreich unterzeichtnen ihn erst gar nicht, andere wie Brasilien kündigten mit der Annahme bereits ihren Austritt an. So tratt Österreich dem „Globalen Paket für eine sichere, geordnete und reguläre Migration“ nicht bei, weil dieser eine „Gefahr für unsere nationale Souveränität“ darstellte, wie der damalige österreichische Bundeskanzler Sebastian Kurz klarstellt. Er befürchtete eine „Vermischung von legaler und illegaler Migration“ und trat damit direkt der UNO entgegen, die diese Unterscheidung mit dem verbrämenden Begriff der „irregulären Migration“ zu verwischen suchte.[216]

Das Ausscheiden Österreichs aus dem UNO-Pakt war für die politische Lage in Deutschland besonders kritisch, weil die Argumente unmittelbar übertragbar waren. Im Nachbarland sah die Regierung 17 Punkte im UNO-Dokument, die sich nicht unterzeichnen wollte. Vor allem befürchtet sie, dass durch den Pakt ein „Völkergewohnheitsrecht“, ein „soft law“ begründet werde, dass die Souveränität der unterzeichnenden Staaten sozusagen durch die Hintertür einschränkt.

Österreich, USA, Ungarn, Australien, Dänemark, Tschechien, Japan, Italien, Polen, die Schweiz und weitere Länder – die Kritik entzündete sich an den immer gleichen Punkten: Der Pakt schränke die Souveränität der Staaten ein, er verherrliche die Migration und ermuntere zu weiterer illegaler Migration.

Tatsächlich war die Tonalität des Pakts eindeutig: Migration wird in erster Linie als „Quelle für Wohlstand, Innovation und nachhaltige Entwicklung“ bezeichnet, weniger als schwer zu bewältigende Herausforderung für die Länder, die die Migranten aufnehmen sollen. Die Einschätzung, dass der Pakt ein „Menschenrecht auf Migration“ schaffe, gab der UNO-Text selbst mit viel Interpretationsspielraum nicht her. Aber die Frage, ob der im Grunde unverbindliche Pakt zum Gewohnheitsrecht werden könnte, wenn sich etwa Gerichte darauf berufen, bleibt strittig.

Der wissenschaftliche Dienst des Bundestages schrieb über die Ziele der Bundesregierung wörtlich: „Die Bundesregierung strebt ein politisches, nicht jedoch rechtlich verbindliches Abkommen an“. Das war in doppelter Hinsicht bemerkenswert. Erstens bestätigt die Regierung, dass sie sich politisch an den UNO-Pakt gebunden fühlt. Zweitens warf es die Frage auf, warum sie etwas unterzeichnet, an das sie sich gar nicht halten will?[217]

## Globale Umsiedlung

Zudem wird in der Stellungnahme der Bundesregierung überdeutlich die UNO-Strategie des „Resettlement“ betont, also – wie es wörtlich hieß – „der Transfer von Flüchtlingen von einem Asylland in ein Drittland, das sich zu dauerhafter Aufnahme bereit erklärt hat.“ Wer von einem globalen Umsiedlungsprogramm spricht, gehört also nicht zwangsläufig zur Gruppe der Verschwörungstheoretiker, sondern zitiert schlichtweg die UNO.[218]

Deutschland nimmt an diesem Transfer bereits seit 2011 im Rahmen eines „Pilotprogramms“ teil, 2014 beschloß die Innenministerkonferenz eine Ausweitung des Resettlement-Programms, erfuhr die erstaunte Öffentlichkeit. 500 Flüchtlingen sollten laut Beschluss jährlich dauerhaft in Deutschland angesiedelt werden. Aber schon zwei Jahre später, 2016 und 2017, wurden die Zahlen erhöht auf faktisch 800 Migranten jährlich, die in Deutschland angesiedelt werden sollen. Das sind noch keine großen Zahlen, befördert aber die Angst, dass der neue UNO-Pakt den Zustrom in den 2020er Jahren in die Höhe schnellen lässt.

## Für die Ewigkeit

Die seit 2015 schwelende und durch die Coronakrise lediglich unterbrochene Diskussion um Asyl und Migration nicht nur, aber eben auch in Deutschland, haben gezeigt, wie rasch es zu einer tiefen Spaltung demokratischer Gesellschaften an dieser Frage kommen kann.

Die Verfasser des Grundgesetzes der Bundesrepublik Deutschland wollten unter allem Umständen eines vermeiden: die Aushöhlung oder gar Abschaffung der Demokratie. Daher formulierten sie in Artikel 79, Absatz 3, eine „Ewigkeitsklausel“:[219]

*Eine Änderung dieses Grundgesetzes, durch welche die Gliederung des Bundes in Länder, die grundsätzliche Mitwirkung der Länder bei der Gesetzgebung oder die in den Artikeln 1 und 20 niedergelegten Grundsätze berührt werden, ist unzulässig.*

Selbst eine neue Verfassung nach Artikel 146 Grundgesetz kann diese Ewigkeitsklausel nach herrschender Juristenmeinung nicht aufheben. Die Bundesrepublik Deutschland ist demnach als Demokratie für die Ewigkeit geschaffen. Hoffentlich!

# Bücher im DC Verlag

**Denken 4.0** –Welt im Umbruch. Was die klügsten Köpfe eines globalen Think Tank über unsere Zukunft denken. Buddhi K. Athauda, Thi Thai Hang Nguyen, Andreas M. Dripke, 332 Seiten, Hardcover, ISBN 978-3-947818-00-6

**Mein Atomknopf ist größer** – America vs. North Korea, Jamal Qaiser, 184 Seiten, Paperback, ISBN: 978-3-947818-01-3

**Stasi 2.0** – Wie wir durch den staatlich-industriellen Digitalkomplex zu gläsernen Bürgern werden und was das für unsere Zukunft bedeutet, Andreas Dripke, Markus Miksch, 444 Seiten, Paperback, ISBN: 978-3-947818-05-1

**Rechtsruck** – Wie das Wiedererstarken des Nationalismus Deutschland in die Katastrophe führt, Anonyme Autoren, 660 Seiten, Paperback, ISBN: 978-3-947818-06-8

**Pandemie** – Die Welt im Corona-Krieg, Andreas Dripke, Markus Miksch, 148 Seiten, Paperback, ISBN: 978-3-947818-13-6

**Covid-19 Falsche** Pandemie – Die fatalen Fehler der WHO und ihre verhängnisvollen Folgen, Jamal Qaiser, Markus Miksch, 234 Seiten, Paperback, ISBN: 978-3-947818-15-0

**75 Jahre UNO** – Macht und Ohnmacht der Vereinten Nationen, Andreas Dripke, Hang Nguyen, 336 Seiten, Paperback, ISBN: 978-3-947818-07-5

**Die Dekade 2020-2030** – Das kommt auf uns zu!, Andreas Dripke, Hang Nguyen, 360 Seiten, Paperback, ISBN: 978-3-947818-17-4

**Corona und Impfen**, Andreas Dripke et al., 188 Seiten, Paperback, ISBN 978-3-947818-18-1

**Hacker** – Angriff auf unsere Computer-Zivilisation, Anonyme Autoren, 432 Seiten, ISBN 978-3-947818-23-5

**Migration nach Europa** – Wir schaffen das und die Folgen, Anonyme Autoren, 510 Seiten, Paperback, ISBN 978-3-947818-32-7

**Auto** – Vom Diesel-Desaster bis zum selbstfahrenden E-Auto, Autorengemeinschaft Diplomatic Council, 572 Seiten, Paperback, ISBN 978-3-947818-09-9

**Digitale Disruption** – Alles wird anders, Andreas Dripke et al., 216 Seiten, Paperback, ISBN 978-3-947818-34-1

**Interim Manager berichten aus der Praxis: Automotive**, Reihe „Von Interim Managern lernen", Jürgen Becker, Ulf Camehn, Ludek Cermak, Hanno Goffin, Ralf-Peter Hanrieder, Dr. Dr. Stefan Hohberger, Andreas Kälber, Dr. Gerhard Müller-Spanka, Frank P. Neuhaus, Christine Pfisterer, Christian Ritzer, Dr. Harald Schönfeld, Jane Enny van Lambalgen, 400 Seiten, Paperback, ISBN 978-3-947818-29-7

**Alles über Künstliche Intelligenz** – Woher sie kommt, wie sie denkt, wohin sie führt, Dr. Horst Walther, Andreas Dripke, 212 Seiten, Paperback, ISBN 978-3-947818-25-9

**Die biometrische Vermessung der Menschheit**, Andreas Dripke et al., 212 Seiten, Paperback, ISBN 978-3-947818-39-6

**Inside WHO** – Dr. Tedros und die Weltgesundheitsorganisation, Andreas Dripke et al., 124 Seiten, Paperback, ISBN 978-3-947818-27-3

**Welt ohne Bargeld** – Bitcoin und andere Kryptowährungen, Andreas Dripke, Stephanie Stoerk, 178 Seiten, Paperback, ISBN 978-3-947818-41-9

**Apple Car** – Wie der iKonzern das Auto neu erfindet, Andreas Dripke et al., 296 Seiten, Paperback, ISBN 978-3-94-7818-43-3

**Europa am Scheideweg** – Was Europa tun muss, um seine Zukunft zu retten, Andreas Dripke, Hang Nguyen, Dr. Horst Walther, Paperback, ISBN 978-3-947818-65-5

**Hilfe, wir werden gechippt!** – Vom Mikrochip unter der Haut bis zum Hirnschrittmacher, Andreas Dripke et al., 176 Seiten, Paperback, ISBN 978-3-947818-55 -6

**Denken 5.0 – Was die klügsten Köpfe eines globalen Think Tank über unsere Zukunft denken**; Andreas Dripke, Claude Piel, Detlef Schmuck, Dr. Harald Schönfeld, Helmut von Siedmogrodzki, Stephanie Stoerk, Dr. Horst Walther; 292 Seiten, Paperback, ISBN 978-3-94-7818-36-5

**Cyber War** – Die digitale Bedrohung, Marc Ruberg et al., 244 Seiten, Paperback, ISBN 978-3-947818-45-7

**Digitale Identität**, Andreas Dripke et al., 164 Seiten, Paperback, ISBN 978-3-947818-53-2

**2045** – Das Jahr, in dem die Künstliche Intelligenz schlauer wird als der Mensch, Dr. Horst Walther, Andreas Dripke, 106 Seiten, Paperback, ISBN 978-3-947818-57-0

**Ewige Pandemie – Freiheit ade**, Andreas Dripke, Markus Miksch, 208 Seiten, Paperback, ISBN 978-3-947818-59-4

**Apple Agenda** – Welche Märkte der iKonzern künftig revolutionieren wird, Andreas Dripke et al., 260 Seiten, Paperback, ISBN 978-3-947818-47-1

**Der digitale Euro** – Computergeld statt Bares, Andreas Dripke, Stephanie Stoerk, 232 Seiten, Paperback, ISBN 978-3-947818-53-2

**China : USA** – Der Wettkampf um die Weltspitze, Dr. Horst Walther et al., 216 Seiten, Paperback, ISBN 978-3-947818-63-1

**Auto ohne Lenkrad** – Das selbstfahrende Auto steht vor der Tür, Patrick Dripke, Thomas Gronenthal, 140 Seiten, Paperback, ISBN 978-3-947818-79-2

**Roboter im Alltag** – Maschinen (beinahe) wie Menschen, Andreas Dripke, 176 Seiten, Paperback, ISBN 978-3-947818-71-6

**Irrfahrt E-Auto** – Abgesang auf die deutsche Autoindustrie, Thomas Gronenthal et al., 212 Seiten, Paperback, ISBN 978-3-947818-81-5

**Was nach dem Smartphone kommt** – Eine Reise in unsere digitale Zukunft, Andreas Dripke et al., 152 Seiten, Paperback, ISBN 978-3-947818-69-3

**Das Diesel-Desaster** – Die Geschichte des größten deutschen Industrieskandals, Thomas Gronenthal et al., 340 Seiten, Paperback, ISBN 978-3-947818-83-9

**Der Dritte Weltkrieg** – Das Undenkbare denken, Hang Nguyen, Jamal Qaiser, 268 Seiten, Paperback, ISBN 978-3-947818-67-9

**Metaverse** – Was es ist, wie es funktioniert, wann es kommt, Andreas Dripke, Marc Ruberg, Detlef Schmuck, 256 Seiten, Paperback, ISBN 978-3-947818-87-7

**Klimakatastrophe** – Wahn oder Wirklichkeit, Hang Nguyen et al., 184 Seiten, Paperback, ISBN 978-3-947818-49-5

**Die Rückkehr der Kernkraft** – Warum Atomenergie unsere Zukunft darstellt, Andreas Dripke, Hang Nguyen, Marc Ruberg, 204 Seiten, Paperback, ISBN 978-3-947818-95-2

**Interim Manager berichten aus der Praxis: Maschinen- und Anlagenbau**, Reihe „Von Interim Managern lernen“, Jürgen Becker, Eckhart Hilgenstock, Falk Janotta, Peter Lüthi, Hans-Rolf Niehues, Manfred Richter, Dr. Harald Schönfeld, Dr. Uwe Seidel, Götz Stapelfeldt, Michael Weimar, 312 Seiten, Paperback, ISBN 978-3-947818-75-4

**Interim Manager berichten aus der Praxis: Business Transformation**, Reihe „Von Interim Managern lernen“, Hrsg: Dr. Harald Schönfeld, Jürgen Becker, ca. 360 Seiten, ISBN 978-3-98674-009-2

**Alles über Krypto** – NFT, Blockchain, Bitcoin & Co, Andreas Dripke, Stephanie Stoerk, 160 Seiten, Paperback, ISBN 978-3-98674-007-8

**Computer wie Götter** – Die Rechenknechte übernehmen die Herrschaft, Andreas Dripke, Hang Nguyen, 148 Seiten, Paperback, ISBN 978-3-98674-005-4

**Das Versagen des Westens in Afghanistan, Syrien und der Ukraine,** Hang Nguyen, Jamal Qaiser, 148 Seiten, Paperback, ISBN 978-3-947818-97-6

# Über das Diplomatic Council

Das vorliegende Werk ist im Verlag des Diplomatic Council (DC) erschienen: DC Publishing.

Das Diplomatic Council verknüpft einen globalen Think Tank, ein weltweites Business Network und eine Charity Foundation in einer einzigartigen Organisation mit Beraterstatus bei den Vereinten Nationen.

Unsere Mitglieder vertreten die feste Überzeugung, dass Wirtschaftsdiplomatie ein tragendes Fundament für die internationale Völkerverständigung und den friedlichen Umgang der Nationen darstellt. Aus dieser Erkenntnis heraus überträgt das Diplomatic Council das Ziel der globalen Völkerverständigung in ein ökonomisches Mandat. Die Methodik eines weltweiten Wirtschaftsnetzwerkes wird hierzu mit der diplomatischen Kommunikationsebene der Staaten dieser Erde untereinander verknüpft. Vor diesem Hintergrund sind im Diplomatic Council Persönlichkeiten aus Diplomatie, Wirtschaft und Gesellschaft engagiert, die mit Augenmaß ausgewählt werden und die sich durch eine hohe Akzeptanz, eine hohe Kompetenz und ein mit den Grundpfeilern des Diplomatic Council übereinstimmendes Wertesystem auszeichnen. Ebenso sind Unternehmen willkommen, für die Corporate Social Responsibility weit mehr als ein Schlagwort ist.

Weitere Informationen: www.diplomatic-council.org/application

# Über die Autorin

**Hang Nguyen** ist als Flüchtlingskind aus dem Vietnamkrieg nach Deutschland gekommen. Heute sagt sie über ihre Flucht: „Ich habe nur überlebt, weil sich wildfremde Menschen um mich gekümmert haben." Aus dieser Erfahrung hat sie den starken Wunsch entwickelt, anderen Menschen zu helfen, wie einst ihr geholfen wurde. Als Generalsekretärin des Diplomatic Council ist sie das Gesicht und das Herz der Organisation, in dessen Verlag das vorliegende Werk erschienen ist.

Hang Nguyen setzt ihre ganze Kraft, ihre Überzeugungskraft, ihre Seele, ihr Leben, dafür ein, die Menschheit zu retten, soweit es in ihrer Macht steht. Sie legt dabei größten Wert darauf, über gut gemeinte aber häufig nutzlose Apelle hinausgehend konkrete und praxisnahe Lösungsvorschläge zu erarbeiten und umzusetzen.

Ihr Credo: „Es nützt nicht viel, das Paradies zu malen und zu hoffen, dass alle Menschen den Weg dahin finden. Es ist besser, schrittweise Verbesserungen für möglichst viele Menschen zu bewirken, die vielleicht nicht ins Paradies, aber wenigstens zu einem besseren Leben führen."

Diese Leitlinie zieht sich durch das vorliegende Werk, aber auch durch ihre anderen Bücher, die bereits viele Menschen wachgerüttelt haben. Als ihr wichtigstes Werk gilt „How to avoid World War III" (deutsche Ausgabe: „Der Dritte Weltkrieg – Das Undenkbare denken"). Ihr Buch „The Western Fiasco: Failure in Afghanistan, Syria and Ukraine" (deutsche Ausgabe:

„Das Versagen des Westens in Afghanistan, Syrien und der Ukraine“) stellt die Großmächte unter Anklage für ihr seelenloses Prinzip der Stellvertreterkriege.

Ihr Band „75 Jahre UNO – Macht und Ohnmacht der Vereinten Nationen“ ist zum Standardwerk über die Entwicklung der internationalen Staatengemeinschaft avanciert.

Ebenfalls viel Beachtung fand ihr Blick in die Zukunft in dem Buch „Die Dekade 2020-2030 – Das kommt auf uns zu“. Ihre Werke „Klimakatastrophe – Wahn oder Wirklichkeit?“ und „Die Rückkehr der Kernkraft – Warum Atomenergie unsere Zukunft ist“ sorgen sich um die Erhaltung der natürlichen Ressourcen unserer Erde als Grundlage für jedwedes menschliche Leben.

# Quellenangaben und Anmerkungen

---

[1] https://grundgesetz-lesen.de/das-grundgesetz/artikel-1-19-die-grundrechte/
[2] https://de.wikipedia.org/wiki/Liste_von_Moscheen_in_Deutschland
[3] https://www.deutschlandfunk.de/clash-of-civilizations-huntingtons-kampf-der-kulturen-20.1310.de.html?dram:article_id=313128
[4] https://www.deutschlandfunkkultur.de/umfrage-zur-aufnahme-von-fluechtlingen-die-deutschen-sind.2950.de.html?dram:article_id=484342
[5] https://web.de/magazine/politik/moldau-georgien-eu-beitreten-36660240
[6] https://www.bpb.de/gesellschaft/migration/dossier-migration/252241/deutsche-migrationsgeschichte
[7] https://de.wikipedia.org/wiki/Gastarbeiter
[8] https://www.kas.de/de/web/geschichte-der-cdu/personen/biogramm-detail/-/content/theodor-blank-v1
[9] Ulrich Herbert: Krisenzeichen. Anwerbestopp für ausländische Arbeitnehmer/innen 1973, in: Zeitgeschichte-online, November 2013
[10] https://ec.europa.eu/germany/about-us/reasons/developmentaid_de
[11] https://www.bpb.de/gesellschaft/migration/dossier-migration/247811/aussiedler
[12] https://www.jetzt.de/politik/poetry-slam-in-speyer-14-jaehrige-traegt-rassistisches-gedicht-vor
[13] https://www.rbb24.de/politik/beitrag/2019/03/berlin-kind-abgelehnt-afd-eltern-rechtens-scheeres.html
[14] https://www.bpb.de/gesellschaft/migration/flucht/zahlen-zu-asyl/
[15] https://www.proasyl.de/hintergrund/zahlen-und-fakten-2015/
[16] https://mediendienst-integration.de/migration/flucht-asyl/zahl-der-fluechtlinge.html
[17] Ulrich Herbert: Geschichte der Ausländerpolitik in Deutschland. München 2001
[18] http://library.fes.de/fulltext/asfo/01011002.htm
[19] https://www.bpb.de/gesellschaft/migration/dossier-migration-ALT/56377/migrationspolitik-in-der-brd
[20] https://library.oapen.org/bitstream/id/3bf5a15e-b8e2-404e-8aec-b26c1141034f/646371.pdf
[21] https://www.welt.de/politik/deutschland/plus157934143/Wie-der-4-September-2015-als-Schicksalstag-ueberhoeht-wird.html
[22] https://www.zeit.de/2016/35/grenzoeffnung-fluechtlinge-september-2015-wochenende-angela-merkel-ungarn-oesterreich

[23] https://books.google.de/books?id=jcxCCgAAQBAJ&pg=PT12&lpg=PT12&dq=Wir+marschieren!+Wir+marschieren!+Um+12+Uhr+geht+es+los!“

[24] https://www.zeit.de/gesellschaft/2016-08/fluechtlinge-syrien-oesterreich-ungarn-flucht-hoffnungsmarsch

[25] https://www.grin.com/document/510347

[26] https://www.dw.com/de/im-flüchtlingszug-nach-münchen/a-18699678

[27] https://www.zeit.de/politik/deutschland/2018-02/grosse-koalition-koalitionsvertrag-union-spd

[28] http://www.spiegel.de/politik/deutschland/fluechtlinge-obergrenze-von-asylantraegen-wird-2018-nicht-erreicht-a-1243974.html

[29] https://www.tagesspiegel.de/politik/parteitag-der-cdu-abschied-von-merkel-teil-1/23729788.html

[30] https://www.zeit.de/gesellschaft/zeitgeschehen/2019-03/koeln-silvesternacht-uebergriffe-verurteilungen

[31] https://www.presseportal.de/blaulicht/pm/12415/3534377

[32] https://de.statista.com/statistik/daten/studie/176914/umfrage/meinung-zur-ueberfremdung-deutschlands-durch-hohe-auslaenderzahl/

[33] https://www.euractiv.de/section/europakompakt/news/studie-jeder-zweite-lehnt-weitere-immigration-ab/

[34] https://www.uno-fluechtlingshilfe.de/informieren/fluchtrouten/balkanroute/

[35] http://www.emcdda.europa.eu/system/files/publications/2747/ Opioid%20trafficking%20routes_POD2015_DE.pdf

[36] https://web.archive.org/web/20160304180625/http://moving-europe.org/2015/12/29/im-morast-von-bulgarien/

[37] https://www.zeit.de/politik/ausland/2016-02/fluechtlinge-griechenland-tuerkei-hotspots-februar

[38] https://www.tagesschau.de/ausland/brand-moria-101.html

[39] https://www.spiegel.de/politik/ausland/frontex-skandal-anti-betrugsbehoerde-ermittelt-gegen-eu-grenzschutzagentur-a-36d882d3-3b14-46bc-aa4b-d1129bcdc065

[40] http://www.faz.net/aktuell/politik/ausland/f-a-z-exklusiv-europol-balkanroute-ist-nicht-geschlossen-14826502.html

[41] https://www.welt.de/bin/non_paper_PDF_bn-183569168.pdf

[42] https://www.welt.de/politik/deutschland/article183625538/ Christian-Lindner-Grenze-haette-2015-geschlossen-werden-koennen.html

[43] http://www.faz.net/aktuell/politik/fluechtlingskrise/balkan staaten-lassen-nur-noch-bestimmte-fluechtlinge-durch-13920955.html

[44] http://www.spiegel.de/politik/ausland/fluechtlinge-mazedonien-plant-zaun-an-der-grenze-zu-griechenland-a-1063124.html

[45] https://www.stuttgarter-zeitung.de/inhalt.fluechtlingspolitik-in-europa-oestliche-eu-staaten-fordern-abriegelung-der-balkanroute.e15bb01f-bd71-42b2-a1aa-844eb4ced148.html
[46] https://www.welt.de/politik/ausland/article183092318/Aus-der-Tuerkei-260-000-syrische-Fluechtlinge-in-ihre-Heimat-zurueckgekehrt.html
[47] http://www.faz.net/aktuell/politik/ausland/f-a-z-exklusiv-europol-balkanroute-ist-nicht-geschlossen-14826502.html
[48] http://www.faz.net/aktuell/politik/ausland/f-a-z-exklusiv-europol-balkanroute-ist-nicht-geschlossen-14826502.html
[49] https://www.faz.net/aktuell/politik/inland/was-die-schliessung-der-balkanroute-bewirkt-hat-14915297.html
[50] https://www.handelsblatt.com/politik/international/migration-zahl-der-illegalen-zuwanderer-in-europa-noch-ueber-vorkrisenniveau/23354532.html
[51] https://de.statista.com/statistik/daten/studie/76095/umfrage/asylantraege-insgesamt-in-deutschland-seit-1995/
[52] https://www.welt.de/politik/deutschland/article227760935/Sekundaermigration-Monatlich-kommen-1000-Fluechtlinge-aus-Griechenland.html
[53] https://www.focus.de/politik/deutschland/bamf-skandal-im-news-ticker-bremer-bamf-noch-mehr-manipulierte-asylentscheide_id_9314064.html
[54] https://www.tagesschau.de/investigativ/ndr/bamf-bremen-skandal-103.html
[55] https://www.lto.de/recht/nachrichten/n/bremen-bamf-affaere-hauptverhandlung-beginnt-2021-gericht-verfahren-ermittlungen-asyl-bescheide/
[56] https://www.spiegel.de/politik/deutschland/franco-a-rechtsextremer-bundeswehroffizier-wird-nun-doch-angeklagt-a-1297249.html
[57] https://www.faz.net/aktuell/politik/thema/franco-a
[58] https://www.welt.de/politik/ausland/article182395050/ Asylbewerber-Illegale-Migration-nach-Deutschland-wird-offenbar-unterschaetzt.html
[59] https://www.welt.de/politik/deutschland/article190721229/ Migration-BAMF-Praesident-haelt-Zahl-der-Asylantraege-fuer-zu-hoch.html
[60] https://mediendienst-integration.de/migration/flucht-asyl/asylrecht.html
[61] https://www.unhcr.org/dach/de/ueber-uns/unser-mandat/die-genfer-fluechtlingskonvention
[62] https://www.bamf.de/DE/Themen/AsylFluechtlingsschutz/AblaufAsylverfahrens/Schutzformen/Asylberechtigung/asylberechtigung-node.html
[63] https://www.malteser.de/fileadmin/Files_sites/malteser_de_Relaunch/Angebote_und_Leistungen/Migrationsbericht/Kapitel1_Zuwanderung_nach_Deutschland__aus_Malteser_Migrationsbericht_2017_es.pdf

[64] https://www.bpb.de/internationales/europa/russland/47922/stagnation-entspannung-perestroika-und-zerfall-1964-1991

[65] https://www.buzer.de/16a_GG.htm

[66] https://www1.wdr.de/stichtag/stichtag5800.html

[67] https://www.bpb.de/izpb/238933/der-arabische-fruehling-und-seine-folgen?p=all

[68] https://beck-online.beck.de/Dokument?vpath=bibdata%2Fges%2Fewg_rl_2013_32%2Fcont%2Fewg_rl_2013_32.htm&anchor=Y-100-G-EWG_RL_2013_32

[69] https://www.handelsblatt.com/politik/international/asylrecht-eu-kommission-leitet-verfahren-gegen-19-laender-ein/12356284.html

[70] https://www.bgbl.de/xaver/bgbl/start.xav?startbk=Bundesanzeiger_BGBl&start=//*%255B@attr_id=%27bgbl115s1386.pdf%27%255D#__bgbl__%2F%2F*%5B%40attr_id%3D%27bgbl115s1386.pdf%27%5D__1615358377517

[71] https://www.unternehmen-integrieren-fluechtlinge.de/wp-content/uploads/2017/11/NUiF_Infografik_Ausbildungsduldung_Upload.pdf

[72] https://www.bundesregierung.de/breg-de/aktuelles/pressekonferenzen/regierungspressekonferenz-vom-29-september-2015-845398

[73] https://www.bundesregierung.de/breg-de/aktuelles/kuerzere-verfahren-weniger-familiennachzug-370360

[74] https://www.buzer.de/gesetz/11913/index.htm

[75] https://www.anwalt.org/asylrecht-migrationsrecht/fluechtlingsstatus/

[76] https://www.bamf.de/DE/Themen/AsylFluechtlingsschutz/AblaufAsylverfahrens/ablaufasylverfahrens-node.html

[77] https://dejure.org/gesetze/AsylG/13.html

[78] http://www.lexsoft.de/cgi-bin/lexsoft/justizportal_nrw.cgi?xid=139892,19

[79] https://eur-lex.europa.eu/summary/DE/230105_1

[80] https://www.migrationsrecht.net/flughafentransitaufenthalt/egmr-amuur-vs-frankreich-urteil-vom-25-06-1996.html

[81] http://www.bamf.de/DE/Fluechtlingsschutz/AblaufAsylv/ Persoenliche Anhoerung/persoenliche-anhoerung-node.html

[82] https://www.asyl.net/themen/asylrecht/asylverfahren/anhoerung/

[83] https://www.welt.de/politik/deutschland/article187397370/Bundesregierung-Falsche-Angaben-im-Asylverfahren-nicht-strafbar.html

[84] https://www.tagesspiegel.de/politik/anerkannte-fluechtlinge-zum-heimaturlaub-nach-syrien/24941204.html

[85] https://www.integrationsbeauftragte.de/ib-de/themen/asyl-und-fluechtlinge/freiwillige-rueckkehr-duldung-und-abschiebung-389864
[86] Der Spiegel 10/2019, 2.3.2019, Leitartikel „Abschiebung. Ein deutsches Desaster“
[87] https://www.welt.de/politik/deutschland/article170952117/Deutschland-liegt-bei-Abschiebungen-europaweit-vorn.html
[88] https://www.welt.de/politik/deutschland/article188920461/ Jeder-dritte-Abgeschobene-reist-wieder-nach-Deutschland-ein.html
[89] https://www.focus.de/politik/deutschland/begruendung-noch-unklar-bericht-afghanistan-schickt-abgeschobenen-straftaeter-nach-hessen-zurueck_id_10160910.html
[90] https://www.faz.net/aktuell/politik/ausland/eu-will-abschiebungen-beschleunigen-17241925.html
[91] https://taz.de/Buergschaften-fuer-Fluechtlinge/!5649489/
[92] https://www.caritas.de/glossare/subsidiaerer-schutz
[93] https://www.frnrw.de/fileadmin/frnrw/media/Familiennachzug/BGBl_2018__1147.pdf
[94] https://www.tagesspiegel.de/politik/fluechtlinge-in-deutschland-die-tuer-zum-familiennachzug-ist-nur-einen-spalt-weit-offen/22866858.html
[95] https://daserste.ndr.de/panorama/aktuell/Familiennachzug,familiennachzug112.html
[96] https://www.tagesschau.de/ausland/eu-asylantraege-101.html
[97] https://rp-online.de/politik/deutschland/gesetzentwurf-asylbewerber-sollen-ab-2020-weniger-geld-erhalten_aid-37701325
[98] https://web.de/magazine/wirtschaft/shutdown-droht-kernschmelze-wirtschaft-34578416
[99] https://der-chefoekonom.com/2020/04/05/corona-rezession-in-deutschland/
[100] https://www.berliner-zeitung.de/gesundheit-oekologie/die-sind-schuld-diskussion-um-migration-und-corona-li.144977?pid=true
[101] https://www.tagesschau.de/ausland/corona-kinder-hungertod-101.html
[102] https://www.spiegel.de/politik/ausland/coronavirus-breitet-sich-in-afrika-langsamer-aus-a-579f0c44-a031-40d1-8d9a-c8ad25b6241e
[103] https://www.tagesschau.de/ausland/entwicklungsminister-mueller-corona-hunger-101.html
[104] https://www.spiegel.de/wirtschaft/soziales/corona-krise-2-7-milliarden-menschen-sind-laut-oxfam-ohne-absicherung-a-5e00535f-ac9a-4924-ad37-6ded5dce7bf3
[105] https://www.nzz.ch/meinung/corona-diese-krise-ist-ein-zukunftstest-er-scheitert-gerade-ld.1556129
[106] https://www.msn.com/de-de/nachrichten/finance-top-stories/konjunktur-mit-dem-zweiten-lockdown-kommt-die-zweite-rezession/ar-BB1bVNNO

[107] https://www.welt.de/wirtschaft/article207163139/IWF-erwartet-schlimmste-Wirtschaftskrise-seit-Grosser-Depression.html
[108] https://www.spiegel.de/wirtschaft/soziales/weltwirtschaftskrise-iwf-rechnet-wegen-corona-pandemie-mit-schwerster-krise-seit-der-grossen-depression-a-7ef62a83-683f-4bbe-b529-7b10a3e0c844
[109] https://www.handelsblatt.com/politik/international/haushaltsbuero-des-kongresses-usa-steuern-auf-haushaltsdefizit-von-3-7-billionen-dollar-zu/25772900.html
[110] https://m.focus.de/finanzen/boerse/konjunktur/insel-im-corona-griff-schlimmster-einbruch-seit-300-jahren-wie-coronavirus-grossbritannien-abwuergt_id_11969879.html
[111] https://www.spiegel.de/wirtschaft/soziales/weltwirtschaftskrise-iwf-rechnet-wegen-corona-pandemie-mit-schwerster-krise-seit-der-grossen-depression-a-7ef62a83-683f-4bbe-b529-7b10a3e0c844
[112] https://www.tagesschau.de/ausland/fluechtlingszahlen-unhcr-101.html
[113] https://www.nzz.ch/meinung/massenmigration-aus-dem-maghreb-europa-sollte-vorausschauen-ld.1605532
[114] https://www.rferl.org/a/ukraine-un-report-dire-situation-fighting/28912171.html
[115] https://www.tagesschau.de/ausland/ukraine114.html
[116] https://www.businessinsider.de/politik/welt/so-brutal-agiert-putins-wagner-group/ https://web.archive.org/web/20100422121915/http:/ec.europa.eu/external_relations/ukraine/index_en.htm
[117] https://www.kyivpost.com/article/content/euromaidan/back-to-the-middle-ages-on-the-way-to-europe-beaten-kyiv-protesters-take-refuge-in-ancient-church-yard-332719.html
[118] https://www.zeit.de/politik/ausland/2014-09/russland-soldaten-ukraine-staatsfernsehen
[119] https://www.cbc.ca/news/world/pro-russian-rebels-officially-labelled-terrorists-by-ukraine-government-1.2933845
[120] https://www.ohchr.org/documents/countries/ua/hrmmureport15june2014.pdf
[121] https://www.ohchr.org/EN/NewsEvents/Pages/DisplayNews.aspx
[122] https://www.faz.net/aktuell/politik/ausland/europa/ukrainekonflikt-von-wegen-waffenruhe-13511725.html
[123] https://www.tagesanzeiger.ch/ausland/europa/die-gewalt-kann-jederzeit-gestoppt-werden/story/13734340
[124] https://www.nzz.ch/meinung/debatte/der-krim-konflikt-und-das-voelkerrecht-1.18265005
[125] https://www.zeit.de/politik/ausland/2015-03/putin-krim-annexion
[126] https://www.un.org/en/ga/search/view_doc.asp?symbol=A/RES/68/262
[127] https://www.sueddeutsche.de/politik/ukraine-russland-putin-biden-1.5500172

[128] https://www.tagesschau.de/inland/innenpolitik/baerbock-ukraine-russland-105.html
[129] https://www.n-tv.de/politik/Scholz-warnt-Moskau-vor-Uberfall-auf-Ukraine-article23065223.html
[130] https://www.lpb-bw.de/ukrainekonflikt
[131] https://www.n-tv.de/politik/Grossbritannien-liefert-Ukraine-Panzerabwehrwaffen-article23065683.html
[132] https://www.spiegel.de/ausland/russland-kreml-kritisiert-waffenlieferungen-an-die-ukraine-a-45fad701-ee9d-4981-9c84-7fdf0b574034
[133] https://www.bild.de/politik/ausland/politik-ausland/schweden-angst-vor-putin-invasion-was-tun-die-nord-stream-schiffe-vor-gotland-78841574.bild.html
[134] https://www.tagesschau.de/ausland/amerika/selenskyj-biden-101.html
[135] https://www.rnd.de/politik/ukraine-konflikt-joe-biden-will-auf-moeglichen-vormarsch-russlands-entschlossen-antworten-TNREGXI6LU7PIGPTDBHBO3ESME.html
[136] https://www.spiegel.de/ausland/russland-kreml-kritisiert-waffenlieferungen-an-die-ukraine-a-45fad701-ee9d-4981-9c84-7fdf0b574034
[137] https://www.tagesschau.de/ausland/ukraine-konflikt-127.html
[138] https://www.welt.de/politik/ausland/article204618590/Gaspipeline-Russland-sagt-Fertigstellung-von-Nord-Stream-2-erst-bis-Ende-2020-zu.html
[139] https://www.tagesspiegel.de/politik/ukraine-krise-nord-stream-2-als-druckmittel/27952564.html
[140] https://www.zdf.de/nachrichten/politik/ukraine-krieg-russland-proteste-100.html
[141] https://www.welt.de/politik/ausland/video237112641/Angriff-auf-Ukraine-Putin-ordnet-besondere-Militaeroperation-an.html
[142] https://www.rnd.de/politik/ukraine-wolodymyr-selenskyis-mut-verbluefft-freund-und-feind-DGR2T4BXS5AW3EJP2W5ADASRJY.html
[143] https://www.spiegel.de/ausland/ukraine-russland-krieg-reaktionen-auf-deutsche-waffen-lieferungen-an-die-ukraine-a-ea36e6c0-0701-4e9d-93dd-2426f872764a
[144] https://www.spiegel.de/politik/deutschland-genehmigt-panzerfaust-lieferungen-an-die-ukraine-a-9e051204-4c43-4c42-a0e6-e00d484c716f
[145] https://www.spiegel.de/ausland/russland-ukraine-news-am-samstag-wolodymyr-selenskyj-erwartet-russischen-sturm-auf-kiew-noch-diese-nacht-a-d5b90774-e2c4-4048-9fe7-961d47e5ed3f
[146] https://www.sueddeutsche.de/politik/konflikte-ukraine-stimmt-verhandlungen-mit-russland-zu-dpa.urn-newsml-dpa-com-20090101-220227-99-310200
[147] https://www.n-tv.de/politik/Botschafter-Melnyk-lobt-deutsche-Waffenlieferungen-article23158667.html
[148] https://www.sueddeutsche.de/politik/konflikte-scholz-erklaert-sich-nach-kurswechsel-in-der-ukraine-krise-dpa.urn-newsml-dpa-com-20090101-220226-99-300593
[149] https://www.spiegel.de/ausland/russland-krieg-in-der-ukraine-westliche-staaten-schliessen-russische-banken-aus-swift-aus-a-a8ba2a6f-fc59-4d6c-9962-c39967e4c1ef

[150] https://de.wikipedia.org/wiki/SWIFT
[151] https://ec.europa.eu/commission/presscorner/detail/de/statement_22_1422
[152] https://www.tagesschau.de/wirtschaft/weltwirtschaft/rubel-absturz-sanktionen-krieg-ukraine-101.html
[153] https://www.focus.de/politik/ausland/ukraine-krieg-mehrere-russische-medien-nicht-erreichbar-weil-anonymous-sie-gehackt-hat_id_60717133.html
[154] https://www.dailymail.co.uk/news/article-10549849/Hacking-collective-Anonymous-declares-cyber-war-against-Vladimir-Putins-government.html
[155] https://www.spiegel.de/ausland/ukraine-maulkorb-fuer-russlands-kriegsgegner-a-1173a5af-6aea-4739-b4cc-6fe2a37eebd4
[156] https://www.zdf.de/nachrichten/politik/ukraine-krieg-russland-proteste-100.html
[157] https://www.zeit.de/politik/ausland/2022-02/wladimir-putin-versetzt-atomstreitkraefte-in-alarmbereitschaft
[158] https://www.handelsblatt.com/dpa/konjunktur/wirtschaft-handel-und-finanzen-russischer-aussenminister-lawrow-wirft-westen-nukleare-panikmache-vor/28126580.html
[159] https://www.tagesspiegel.de/politik/laut-macron-steht-das-schlimmste-noch-bevor-putin-droht-der-ukraine-mit-neuen-forderungen/28126776.html
[160] https://www.rnd.de/politik/krieg-in-der-ukraine-elon-musk-aktiviert-starlink-satelliten-fuer-internet-in-der-ukraine-LRTUT55MZ2USOOOPGWV7TQSKWQ.html
[161] https://www.zeit.de/politik/ausland/2022-02/ukrainischer-praesident-selenskyj-ruft-kriegszustand-aus
[162] https://www.nw.de/nachrichten/nachrichten/23202220_Bewegende-Videobotschaften-Was-sagt-Selenskyj.html
[163] https://www.tagesschau.de/ausland/europa/fluechtlinge-ukraine-105.html
[164] https://www.tagesschau.de/newsticker/liveblog-ukraine-krieg-donnerstag-101.html
[165] https://www.tagesschau.de/ausland/ukraine-polen-fluechtlinge-101.html
[166] https://www.tagesschau.de/ausland/eu-gipfel-brexit-113.html
[167] https://www.spiegel.de/politik/ausland/polen-regierungschef-mateusz-morawiecki-stellt-ueberraschend-vertrauensfrage-a-a9b34199-f0f8-4fa2-81d5-cf833d270696
[168] https://www.tagesschau.de/ausland/eu-gipfel-migration-103.html
[169] https://www.zeit.de/gesellschaft/zeitgeschehen/2021-03/migration-fluechtlinge-griechenland-asylantraege-deutschland-weiterwanderung
[170] https://web.de/magazine/politik/verteilung-fluechtlingen-oesterreichs-ex-kanzler-kurz-kontert-maas-33844190
[171] https://www.deutschlandfunk.de/migration-nach-europa-strategiewechsel-der-schlepper.1773.de.html
[172] https://de.statista.com/statistik/daten/studie/892249/umfrage/im-mittelmeer-ertrunkenen-fluechtlinge/
[173] https://www.mdr.de/nachrichten/thueringen/thueringen-fluechtlinge-schleusungen-per-lkw-100.html
[174] https://blogs.worldbank.org/voices/when-will-refugees-get-covid-19-vaccine
[175] https://blogs.worldbank.org/voices/when-will-refugees-get-covid-19-vaccine

[176] https://www.unhcr.org/dach/de/31634-weltweit-erstmals-mehr-als-70-millionen-menschen-auf-der-flucht.html
[177] https://www.rsc.ox.ac.uk/files/files-1/wp12-conceptualising-forced-migration-2003.pdf
[178] https://www.bundespraesident.de/SharedDocs/Reden/DE/Frank-Walter-Steinmeier/Reden/2018/11/181109-Gedenkstunde-Bundestag.html
[179] http://www.faz.net/aktuell/politik/ausland/gedenken-an-ersten-weltkrieg-macron-will-zeichen-gegen-nationalismus-setzen-15885048.html
[180] https://www.schwaebische.de/landkreis/landkreis-sigmaringen/bad-saulgau_artikel,-wolfgang-bosbach-sieht-die-vaterlandsliebe-positiv-_arid,11029380.html
[181] https://www.welt.de/politik/deutschland/article183662838/Rede-in-Paris-Merkel-warnt-vor-Gefahr-fuer-europaeisches-Friedensprojekt.html
[182] https://www.reuters.com/article/uk-factcheck-trump-executive-order-idUSKBN21739V
[183] https://www.aclu-wa.org/pages/timeline-muslim-ban
[184] https://www.t-online.de/nachrichten/wissen/geschichte/id_85283364/usa-donald-trump-die-mauer-zu-mexiko-eine-historisch-schlechte-idee-.html
[185] https://www.spiegel.de/politik/ausland/fluechtlinge-tausende-aus-mittelamerika-ziehen-weiter-richtung-usa-a-1234461.html
[186] https://www.spiegel.de/politik/massenflucht-darum-fliehen-tausende-mittelamerikaner-richtung-usa-a-3eae7d62-05f8-439a-b551-0a51375cb386
[187] https://www.zeit.de/politik/ausland/2018-10/migranten-mexiko-zentralamerika-fluechtlinge-usa-donald-trump
[188] http://www.faz.net/aktuell/politik/ausland/donald-trump-will-15-000-soldaten-gegen-fluechtlinge-einsetzen-15868197.html
[189] https://www.tagesspiegel.de/politik/grenze-der-usa-trump-droht-mit-gewalt-gegenueber-illegalen-migranten/23264488.html
[190] http://www.spiegel.de/politik/ausland/donald-trump-verschaerft-regeln-fuer-fluechtlinge-an-us-grenze-zu-mexiko-a-1237513.html
[191] http://www.spiegel.de/politik/ausland/donald-trump-ruft-nationalen-notstand-aus-der-notausgang-a-1253534.html
[192] http://www.spiegel.de/politik/ausland/grenze-zu-mexiko-obama-will-illegale-einwanderer-mit-us-nationalgarde-stoppen-a-696754.html
[193] https://www.tagesschau.de/ausland/amerika/biden-usa-grenze-kritik-101.html
[194] 75 Jahre UNO – Macht und Ohnmacht der Vereinten Nationen, Andreas Dripke, Hang Nguyen, ISBN 978-3-947818-07-5
[195] https://www.un.org/en/development/desa/population/publications/ageing/replacement-migration.asp

[196] https://www.heise.de/tp/features/Vereinte-Nationen-bereiten-weltweite-Pakte-zu-Fluechtlingen-und-Migration-vor-3995024.html?seite=all
[197] https://www.unhcr.org/5c658aed4.pdf
[198] https://www.iom.int/global-compact-migration
[199] https://www.bmz.de/de/themen/2030_agenda/
[200] https://www.zeit.de/politik/ausland/2018-12/marrakesch-marroko-migrationspakt-un-gipfel-verabschiedung
[201] https://refugeesmigrants.un.org/report-secretary-general-making-migration-work-all-0
[202] https://www.deutschland.de/en/topic/politics/what-the-un-global-compact-on-migration-means-for-europe
[203] http://dipbt.bundestag.de/doc/btp/19/19026.pdf
[204] http://dipbt.bundestag.de/doc/btd/19/017/1901751.pdf
[205] https://www.welt.de/regionales/hamburg/article227997531/SPD-will-Vorrang-fuer-Migranten-in-Landesverwaltung.html
[206] https://www.deutschlandfunk.de/globaler-migrationspakt-un-generalsekretaer-einwanderer.1773.de.html
[207] https://www.tagesschau.de/ausland/un-migrationspakt-127.html
[208] https://www.uno-fluechtlingshilfe.de/informieren/fluechtlingszahlen
[209] https://www.welt.de/politik/ausland/article185319462/Konferenz-in-Marrakesch-Der-Migrationspakt-ist-beschlossen-Doch-diese-Laender-sind-dagegen.html
[210] https://www.bild.de/politik/ausland/politik-ausland/bild-beim-merkwuerdig-gipfel-uno-peitscht-migrationspakt-durch-58936678.bild.html
[211] https://www.unhcr.org/gcr/GCR_English.pdf
[212] http://www.spiegel.de/politik/ausland/uno-fluechtlingspakt-angenommen-usa-und-ungarn-stimmen-dagegen-a-1244231.html
[213] http://www.europarl.europa.eu/news/de/headlines/priorities/ syri-en/20130719STO17431
[214] https://www.tagesspiegel.de/politik/krieg-in-syrien-die-ohnmacht-der-vereinten-nationen/21045084.html
[215] 75 Jahre UNO – Macht und Ohnmacht der Vereinten Nationen, Andreas Dripke, Hang Nguyen, ISBN 978-3-947818-07-5
[216] https://www.zdf.de/nachrichten/heute-journal/un-fluechtlingspakt-ohne-oesterreich-100.html
[217] [220] https://www.bundestag.de/blob/557692/8d3c42d79eba902c 13660271ba0a32f4/wd-2-052-18-pdf-data.pdf
[218] http://www.un.org/depts/german/migration/A.CONF.231.3.pdf
[219] https://www.gesetze-im-internet.de/gg/art_79.html